다큐동화로 만나는 한국 근현대사 ❽
저항 시인들과 한용운

1판 1쇄 발행 | 2012. 5. 23.
1판 2쇄 발행 | 2020. 2. 20.

이정범 글 | 지우 그림

발행처 김영사
발행인 고세규
등록번호 제406-2003-036호
등록일자 1979. 5. 17.
주소 경기도 파주시 문발로 197(우10881)
전화 마케팅부 031-955-3100 편집부 031-955-3113-20
팩스 031-955-3111
사진 제공 권태균 연합포토

ⓒ 2012 이정범 · 지우
값은 표지에 있습니다.
ISBN 978-89-349-5690-7 74900
ISBN 978-89-349-5458-3(세트)

좋은 독자가 좋은 책을 만듭니다. 김영사는 독자 여러분의 의견에 항상 귀 기울이고 있습니다.
전자우편 book@gimmyoung.com | 홈페이지 www.gimmyoungjr.com

이 책의 사진은 해당 사진의 저작권자의 허락을 받아 실었습니다.
저작권자를 찾지 못해 게재 허락을 받지 못한 사진은 추후라도 허가를 받겠으니 연락 바랍니다.

어린이제품 안전특별법에 의한 표시사항
제품명 도서 제조년월일 2020년 2월 20일 제조사명 김영사 주소 10881 경기도 파주시 문발로 197
전화번호 031-955-3100 제조국명 대한민국 ⚠ 주의 책 모서리에 찍히거나 책장에 베이지 않게 조심하세요.

다큐동화로 만나는 한국 근현대사

저항 시인들과 한용운

이정범·글 지우·그림

주니어김영사

머리말

아직은 근현대사가 낯선 어린이들에게

이 책은 '다큐동화로 만나는 한국 근현대사' 시리즈의 여덟 번째 권입니다. 어린이들에게는 다큐동화라는 말이 낯설게 여겨질지도 모르겠습니다. 여기에서 '다큐'란 다큐멘터리의 줄임말로 글이나 사진, 영상물 등으로 남겨진 사실적인 기록을 뜻하며 '기록 문학'이란 말과 비슷한 용어입니다. 그러니까 다큐동화는 '사실적인 기록에 바탕을 두어 동화처럼 꾸며 낸 이야기'라고 볼 수 있습니다.

모두 15권으로 이루어진 이 시리즈는 우리나라 근대와 현대를 움직였던 인물을 중심으로 가까운 과거의 이야기를 정리한 역사책입니다. 따라서 우리 부모님과 조부모님, 더 나아가서는 증조부모님이나 고조부모님이 어렸을 때의 나라 사정이 어땠는지, 그분들이 어떻게 지금과 같은 사회를 만들었는지 이 시리즈를 통해 생생하게 느낄 수 있으리라 봅니다.

근현대사는 고조선, 삼국 시대, 고려, 조선 시대의 역사보다 훨씬 실감 나며 현대 사회에 직접적인 영향을 주고 있습니다. 그래서 국사 교과서를 보더라도 근현대사가 고대사와 중세사를 합친 것만큼의 비율을 차지할 정도로 중요하게 다루어집니다. 다만 가까운 과거의 이야기이다 보니 역사적인 평가를 내리는 일이 여간 까다롭지 않습니다. 똑같은 사실을 두고도 그것을 보는 사람들의 이념과 입장에 따라 크게 다르거나 아예 정반대로 해석하는 일도 많습니다.

이 시리즈는 우리나라 국민의 자유와 평등, 정의로운 사회, 민주주의, 그리고 자주독립과 민족 통일을 위해 애쓴 분들을 각 권의 중심인물로 다루었습니다. 미처 소개하지 못한 분들도 많이 있지만 여기에 등장하는 인물만으로도 우리 근현대사의 흐름을 한눈에 살펴보기에 충분할 것입니다.

이번 책은 시인이며 독립운동가, 스님으로 일제에 항거했던 만해 한용운을 중심인물로 삼았습니다. 한용운은 꿋꿋한 기상과 절개를 보여 준 민족 대표의 한 사람이었습니다.

한용운은 〈님의 침묵〉이라는 주옥같은 시를 남겼고 불교를 개혁하기 위해 평생을 바친 인물이었습니다. 그러면서도 일제에 완강히 저항했으며 그 일로 세상을 떠날 때까지 일제 경찰의 철저한 감시를 받아야 했습니다.

한편 이 책에서는 한용운과 함께 일제 강점기의 저항 시인으로 유명한 이육사, 윤동주를 비롯한 문화예술인들의 작품과 생애도 다루고 있어 일제 강점기의 문화예술이 어떻게 발전했는지 그 흐름 또한 살펴볼 수 있을 것입니다. 더불어 우리 문학을 크게 발전시켰으면서도 결국 친일파로 변절한 최남선, 이광수에 관한 이야기도 담았습니다.

2012년 5월, **이정범**

차례

머리말 _4

옥중에서 지켜낸 절개 _9
지식의 폭을 넓히는 역사 수첩 _ 일제의 무단 통치에서 민족말살 통치까지 _17

넓은 세상을 향하여 _18

블라디보스토크에서 석왕사까지 _27
지식의 폭을 넓히는 역사 수첩 _ 불교의 경전들 _38

분주한 나날들 _39
지식의 폭을 넓히는 역사 수첩 _ 모르는 게 없었던 박한영 스님 _54

옥중에서 벌인 독립 운동 _55
지식의 폭을 넓히는 역사 수첩 _ 조건 없는 나라 사랑, 남강 이승훈 _67

친일파의 문학과 저항문학 _68
지식의 폭을 넓히는 역사 수첩 _ 731부대와 마루타 _91

빼앗긴 들에서 꽃핀 문화 운동 _92
지식의 폭을 넓히는 역사 수첩 _ 민족문화 말살 정책과 조선어학회 사건 _104

마라톤으로 세계를 제패한 손기정 _105

중일 전쟁과 태평양 전쟁 _115
지식의 폭을 넓히는 역사 수첩 _ 하와이 진주만과 태평양 전쟁 _129

심우장의 별은 떨어지고_130
지식의 폭을 넓히는 역사 수첩 _ 민족의 수난을 상징하는 서대문 형무소 _142

깊이를 더하는
역사 수업 ▶ 한용운의 발자취를 따라서_143

(옥중에서 지켜낸 절개)

　　1919년에 일어난 3·1 운동은 손병희 등 33인의 민족 대표가 뜻을 모은 데서 비롯되었다. 민족 대표들은 3·1 운동을 준비하면서 독립 선언서를 만들었는데 최남선이 초안을 쓰고 한용운이 내용을 다듬었다. 한용운은 이때 독립 선언서에 만세 운동의 목적과 행동 지침을 담은 '공약 3장'을 덧붙였다.

　　하나. 오늘 우리의 이 거사는 정의, 인도, 생존, 번영을 위한 민족 전체의 요구이니 오직 자유의 정신을 나타낼 것이며, 남을 배척하는 감정으로 그릇되게 달려 나가지 말라.
　　하나. 마지막 한 사람까지, 마지막 한 순간까지 민족의 정당한 뜻을 시원스럽게 발표하라.
　　하나. 모든 행동은 질서를 존중하여, 우리의 주장과 태도를 어디까지든지 밝고 정당하게 하라.

위와 같이 공약 3장은 만세 운동을 평화적으로 벌이면서도 끈질기게 우리 민족의 주장을 당당히 밝히라는 내용을 담고 있다. 이것이 3·1 운동을 계획하고 준비했던 민족 대표들과 한용운의 생각이었다. 그런데 민족 대표들은 이런 준비를 하고도 자기들끼리 태화관에 따로 모여 독립 선언서를 낭독하고 스스로 체포되었다.

왜 그랬던 것일까?

가장 큰 이유는 자신들이 수많은 군중 앞에 설 경우 뜻하지 않은 폭력이 일어날 것을 염려했기 때문이라고 한다. 하지만 이런 걱정과 달리 3월 1일, 탑골 공원에 모였던 군중들은 질서를 지키며 평화적으로 독립 선언서를 낭독했고 시가행진을 벌였다. 그래서 처음에는 일제 경찰도 군중들을 억지로 막지 못했다.

이처럼 민족 대표들은 3·1 운동을 준비하고도 실제로 이끌지 않았으며 나중에는 조선 총독부의 탄압과 협박에 못 이겨 한용운 등 몇 사람을 빼고는 친일파로 변절했다.

민족 대표들은 남산에 있던 경무총감부로 끌려가 혹독한 심문을 받았다. 경무총감부 가와무라 검사가 한용운에게 물었다.

"피고는 앞으로도 계속 독립운동을 벌일 것인가?"

"그렇다. 언제까지든 계속할 것이다. 독립은 반드시 이루어질 것이다."

조선 총독부는 나라의 체제를 뒤집었다는 이유로 민족 대표들을 '내란죄'로 다스릴 작정이었다. 내란죄는 사형이나 무기 징역을 받을 정도의 무거운 죄였다. 그러나 일제는 차츰 태도를 바꾸어 처음 내리려던 것보다 가벼운 처벌을 내렸다. 이렇게 된 것은 일제가 무단 통치에서 문화 통치로 정책을 바꿨기 때문이다. 그래서 3·1 운동을 적극적으로 이끌었던 손병희, 한용운 등 일곱 명에게는 각각 징역 3년을, 나머지 민족 대표들에게는 2년 또는 1년 6개월을 선고했다.

한용운은 감옥에 갇힌 뒤에도 민족 대표들에게 한 가지 제의를 했다.

▲ **한용운 초상화** |승려이자 시인, 독립운동가로 3·1 운동 당시 민족 대표 33인 가운데 한 사람이었다.

"우리는 민족을 대표해 스스로 감옥에 갇힌 것이니 정정당당하게 우리의 주장을 펼쳐 나갑시다. 그래서 나는 여러분께 '옥중 3장'을 제의합니다."

"옥중 3장이란 게 무엇이오?"

다른 사람들이 묻자 한용운이 대답했다.

"사식을 받지 않으며, 보석으로 풀려나지 않으며, 변호사를 쓰지 말자는 세 가지 약속을 뜻하오."

여기서 사식이란 감옥에 갇힌 사람을 면회하면서 따로 음식을 넣어 주는 것을 말하며 보석은 아직 형량이 정해지지 않은 피고가 보증금을 내고 석방되는 것을 말한다.

"그거 좋소. 모두 만해 스님의 제의를 받아들이는 게 어떻습니까?"

한 사람이 이렇게 물었지만 대부분은 시큰둥한 표정이었다. 감옥에 갇힌 것도 억울한데 무슨 이유로 그런 고생을 사서 해야 하느냐는 얼굴이었다. 이에 한용운은 다시 입을 열었다.

"우리가 조국의 독립을 위해 만세 운동을 벌인 것은 결코 양심에 어긋나는 일이 아니지 않소? 그러니 감옥에서도 민족을 대표하는 지도자답게 정정당당히 버텨야 한다고 생각했기에 옥중 3장을 제안한 것이오. 내 제안이 내키지 않으면 그만들 두시구려. 나 혼자라도 지키겠소."

많은 민족 대표들은 감옥에 갇히는 순간부터 기가 꺾였고 심지어 비굴해지기까지 했다. 그들 중 일부는 심문을 받을 때 다음처럼 말하기도 했다.

"나는 한일 병합 후의 정치가 전보다 훨씬 잘되었다고 생각하오."

"한국은 동양의 일등 국가인 일본과 관계를 끊고서는 자립할 수 없소."

"나는 어리석은 생각으로 이번 계획에 참가했지만 지금 생각해 보니 잘못된 일이었소."

"조선 민족이 제아무리 독립운동을 하더라도 독립은 이루어질 수 없다는 걸 알았소. 그래서 앞으로는 그런 짓을 하지 않으리다."

민족 대표들이 정말 이런 말을 했을까 싶을 정도로 비굴하고 어처구니없는 진술이었다. 일부 민족 대표가 이렇게 태도를 바꾼 것은 어떻게든 형량을 줄여 하루빨리 풀려나고자 했기 때문이다. 그리고 이렇게 말한 사람들은 모두 친일파로 변절했다.

한용운의 태도는 한결같았다.

"피고는 이번 계획으로 처벌받을 줄 알았는가?"

"나는 내 나라를 세우는 데 힘을 다한 것이니 벌을 받을 까닭이 없다."

"피고는 앞으로도 조선의 독립운동을 계속할 것인가?"

"그렇다. 언제까지든 그 마음은 변치 않을 것이다. 만일 몸이 없어진다면 정신만이라도 영원토록 독립운동을 할 것이다."

한용운의 이 같은 진술을 듣고 난 나카지마 유조 판사는 크게 감동했다. 유조 판사는 이때 '아아! 이들의 만세 운동은 결코 헛되지 않았구나.'라고 생각했다고 한다.

민족 대표들에 대한 법원의 결심 공판은 1920년 9월 25일에 열렸다. 이렇게 늦어진 것은 3·1 운동 후 일제가 문화 통치를 시작한 데다 민족 대표들을 처벌할 만한 뚜렷한 이유를 찾지 못했기 때문이다. 한용운은 이때에도 최후 진술을 통해 다른 민족 대표들이나 일본인 판사들의 가슴을 울렸다.

"우리들은 우리의 조국과 민족을 위해 마땅히 할 일을 한 것뿐이다. 정치란 덕에 있는 것이지 험(險)함에 있는 것이 아니다. 너희(일제)도 강한 군대만 자랑하고 덕을 쌓는 정치를 하지 않으면 국제 사회에서 외톨이가 되어 마침내는 패망할 것임을 경고하노라."

여기서 '험'이란 위태로움, 거짓, 나쁨 등의 뜻을 담고 있는 말이다.

그런데 이 최후 진술을 하기 전 민족 대표들은 여러 차례의 재판을 받았는데 그때마다 오직 한용운만 입을 다물고 있었다. 그걸 답답하게 여긴 재판관이 물었다.

"피고는 왜 아무 말도 하지 않는가?"

그러자 한용운이 답했다.

"나는 조선 사람으로서 내 민족을 위해 독립운동을 한 것뿐이다. 이건 당연한 일이다. 만약 일본이 조선의 지배를 받게 된다면 재판관은 그것을 고스란히 받아들이겠는가? 그러니 나는 마땅히 할 일을 한 것뿐인데 감히 일본인이 무슨 재판을 한단 말이냐?"

이 말을 들은 재판관은 한동안 할 말을 잃었다. 그 뒤에도 한용운은 침묵을 지켰고 일본 검찰과 재판관들이 계속 다그치자 한용운은 이렇게 말했다.

"너희가 자꾸만 독립운동을 벌인 이유를 묻는데 나는 거기에 대해 할 말이 많다. 내게 붓과 종이를 주면 그 이유를 글로 써서 주겠다."

그리하여 한용운은 감옥 안에서 예심 판사인 나카지마 유조에게 보내는 진술서, '조선 독립의 서'라는 글을 짓게 되었다. 지금도 명문으로 손꼽히는 이 글은 '조선 독립 이유서'로 불리기도 한다.

> **자유는 만유의 생명이요, 평화는 인생의 행복이다. 따라서 자유가 없는 사람은 시체와 같고 평화가 없는 사람은 가장 고통을 받는 사람이다. ……위압적인 평화는 굴욕이 될 뿐이니 참된 자유는 반드시 평화를 동반하고 참된 평화는 반드시 자유를 함께 한다. 실로 자유와 평화는 전 인류의 요구라 할 것이다.**

- 〈조선 독립의 서〉 중에서

이 같은 내용으로 시작되는 '조선 독립의 서'는 '개론', '조선 독립 선언의 동기', '조선 독립 선언의 이유', '조선 총독 정책에 대하여', '조선 독립의 자신' 등으로 이루어진, 200자 원고지로 약 70장에 이르는 글이다. 한용운은 이 글을 두 벌로 만들어 한 벌은 재판소로 보내고 나머지 한 벌은 끈처럼 꼬아 몰래 감옥 밖으로 내보냈다. 그 뒤 1919년 11월 4일자 〈독립신문〉에 이 글이 실려 독자들을 크게 감동시켰다.

감옥에 갇힌 민족 대표들은 일제의 협박을 이기지 못해 날마다 가시방석에 앉은 듯 불안해 했다.

"우리들을 모두 사형시킨다는 소문이 있는데 어찌 된 일이오?"

"정말 걱정입니다. 이러다 감옥에서 죽는 것은 아닌지 모르겠소."

"에구! 내 신세가 어쩌다 이렇게 되었나…….

민족 대표들은 한탄을 하는가 하면 몇몇 사람은 서글프게 울었다. 그 모습을 보던 한용운은 갑자기 감방 안에 있던 변기통을 집어 그들에게 휘두르며 호통을 쳤다.

"이 비겁하고 비굴한 작자들아! 울긴 왜 울어? 나라를 잃은 마당에 죽는 게 그리도 슬픈 일인가. 너희들이 진정 독립 선언서에 서명했던 민족의 대표란 말인가? 그따위 추태를 부릴 작정이면 당장 서명을 취소하고 총독에게 살려 달라고 매달려라!"

이 말에 감방 안은 물을 끼얹은 듯 조용해졌다.

이처럼 만해 한용운은 조국의 독립을 위해 죽는 날까지 지조를 굽히지 않은 애국자였으며 〈님의 침묵〉과 같은 수많은 명시를 남긴 시인이었고, 한국 불교를 개혁한 스님이었다.

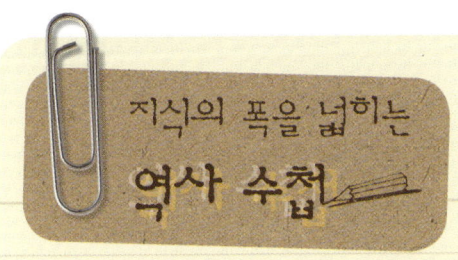

일제의 무단 통치에서 민족말살 통치까지

일제 강점기는 시기에 따라 크게 무단 통치, 문화 통치, 민족말살 통치의 세 단계로 구분된다.

무단 통치는 한일 강제 병합을 했던 1910년부터 1919년까지의 통치 방법으로 이 시기에는 헌병 경찰을 통해 한국인을 강압적으로 통치했다. 당시 일제 헌병은 일반 범죄뿐 아니라 행정, 사법에 이르기까지 여러 분야에 걸쳐 큰 권력을 휘두르던 조직이었다. 헌병들은 독립지사들의 움직임을 감시하며 의병을 토벌하는가 하면 수십 가지의 임무와 권한으로 한국인을 철저히 억압해 나갔다.

일제는 이 무단 통치 시기에 한국인들의 언론, 집회 등의 자유를 막았으며 토지를 함부로 빼앗아 일본인들에게 헐값에 팔아넘겼다. 그런가 하면 모든 교사들에게 제복을 입히고 칼을 차도록 했다.

그 뒤 1919년 3·1 운동이 일어나자 일제는 통치 방법을 슬그머니 바꿨다. 3·1 운동을 탄압하는 과정에서 한국인의 독립 의시가 매우 강하다는 것과 민주주의와 인권에 대한 관심 수준이 매우 높다는 걸 알았기 때문이다.

이후 일제는 언론, 출판 등의 문화 활동을 어느 정도 허락하는 문화 통치를 펼쳐 나갔다. 그러면서도 경찰의 숫자는 그전보다 훨씬 많이 늘려 한국인들의 활동을 낱낱이 감시했고 애국지사들을 이간질하여 친일파로 만들어 나갔다. 그래서 문화 통치는 무단 통치보다 훨씬 교활한 통치 방법으로 평가된다.

그 뒤 1931년부터 1945년까지는 민족말살 통치 시대로 일컬어진다. 일제는 1931년에 만주를 침략해 점령한 데 이어 1937년에는 중국 본토를 공격했고 1941년에는 태평양 전쟁을 일으켰다. 이렇게 무모한 전쟁을 펼치면서 인력과 물자가 부족해지자 일제는 한국인을 제2의 일본인으로 개조하겠다면서 한국인의 역사와 언어, 전통, 문화를 말살시키려고 했다. 이를 위해 황국 신민화 정책을 추진했고 창씨개명, 궁성 요배, 신사 참배, 일장기 계양 등 갖가지 탄압을 펼쳤다.

▲ 종로에서 시위 중인 3·1 운동 행렬

(넓은 세상을 향하여)

한용운은 1879년 8월 29일, 충청남도 홍성군에서 아버지 한응준, 어머니 온양 방씨의 둘째 아들로 태어났다. 한용운의 어렸을 때 이름은 '유천'이었다. 부모님은 본래 양반 출신이었지만 한용운이 태어날 무렵에는 가난하고 이름 없는 농부나 다름없었다.

조선 후기에는 상업이 크게 발전하고 신분 질서가 무너지면서 평민들도 돈을 많이 벌면 얼마든지 양반으로 대접받을 수 있었다. 거꾸로 한용운의 집안처럼 몰락한 양반들도 많았다. 몰락한 양반들은 당장 끼니를 이을 곡식이 없어도 양반의 체통을 위해 글만 읽었고 그러다가 어느새 권위마저 잃고 말았다.

한용운의 부모님도 비록 가난했지만 자식들에게 유학을 가르치는 것만큼은 게을리하지 않았다. 더구나 한용운은 어려서부터 '신동'으로 유명했다. 한용운의 생애와 작품, 글을 모아 엮은 《한용운 전집》을 보면 한용운의 어린 시절이 다음처럼 기록되어 있다.

> 선생은 어릴 적부터 남달리 기억력과 이해력이 뛰어나 가끔 어른들을 놀라게 하였다. 그래서 마을 사람들은 그를 신동이라고 불렀으며, 선생의 집은 '신동집'으로 통했다 한다.

더구나 아버지 한응준은 틈틈이 아들을 불러 우리 역사와 역사 속 위인들, 나라 안팎의 일들에 대해 많은 이야기를 들려주었다. 그럴 때마다 한용운은 가슴 깊이 '나도 그처럼 훌륭한 사람이 되었으면…….' 하고 앞으로의 일을 꿈꾸고는 했다.

한용운이 자랄 무렵, 조선은 바람 앞의 등불과 같았다. 병인양요(1866년), 신미양요(1871년)를 거쳐 한용운이 네 살 되던 해에 일어났던 임오군란(1882년), 여섯 살 되던 해의 갑신정변(1884년), 열여섯 살 되던 해의 갑오농민전쟁(동학농민 운동)과 갑오개혁(1894년), 그 이듬해에 일어난 을미사변(1895년) 등을 겪으며 조선은 앞날을 예측하기 힘들 정도로 위태로워졌다.

한편에서는 위정척사를 힘주어 외치며 외세로부터 나라를 지켜야 한다고 주장했고, 반면 일본처럼 서양 문물을 받아들여야 나라가 부강해질 수 있다는 목소리도 만만치 않았다. 관리들은 그런 혼란한 틈을 이용해 제 몫 챙기기에 바빴고 농민들은 날이 갈수록 비참하게 살아야 했다. 그처럼 갈피를 잡지 못할 정도의 혼란 속에서 나라는 차츰 일제의 손아귀로 넘어가고 있었다.

시골에서 자라던 한용운은 멀리 서울에서 전해지는 소문을 들으며 나라의 사정을 짐작할 뿐이었다. 하지만 날이 갈수록 세상이 어떻게 변하고 있는

지 궁금하기 이를 데가 없었다. 그러던 중 한용운이 열네 살 되던 1892년의 어느 날, 부모님이 한용운을 불러서 말했다.

"용운아, 너도 이제 나이가 되었으니 장가를 들어야겠다."

이때 한용운은 깜짝 놀라며 물었다.

"네? 벌써 결혼을 하라고요?"

"벌써라니? 네 동무들을 좀 보아라. 장가 안 간 친구가 몇이나 되느냐? 옛날 같으면 이미 자식을 두었을 나이야."

"하지만 전 아직도 배울 게 많고 하고 싶은 일도 많습니다. 그러니 지금은 결혼 같은 건 생각하지 않겠습니다."

한용운은 이렇게 대답했지만 부모님의 완강한 요구를 따르는 수밖에 없었다. 그래서 얼마 후 부모님이 정해 준 전정숙이란 처녀와 결혼을 했다. 하지만 한용운은 자신이 너무 이른 나이에 결혼한 것이 불만이었다.

'내가 지금 이렇게 살 때가 아니지. 한 여자의 남편이나 한 집안의 가장으로 평범하게 살기보다는 넓은 세상으로 나가야 해.'

한용운은 틈만 나면 이런 생각에 사로잡혔고 이따금 전해지는 나라 소식을 들을 때면 당장이라도 서울로 달려가고 싶었다.

'조선이 점차 망하고 있는 게 분명해. 대체 왜 이렇게 된 것일까? 서양 세력이 들어왔기 때문일까 아니면 관리들과 선비들이 유학을 고집하며 쇄국 정책을 폈기 때문일까?'

한용운은 이런 의문에 사로잡힐 때가 많았지만 이렇다 할 해답을 얻을 수 없었다. 그럴수록 집을 떠나 더욱 넓은 세계를 만나고 책을 많이 읽어 지식을 넓히고 지혜를 길러야겠다는 다짐이 들었다. 마침내 그는 집을 떠나기로 결심했다.

"여보, 우리가 결혼한 지 벌써 2년이 지났구려. 돌이켜 보니 나는 여태 한 번도 남편 노릇을 제대로 하지 못한 것 같소. 그런데도 여기서 떠나려 하니 미안하오."

한용운은 집을 떠나기 전날 밤, 아내에게 말했다.

"왜 그런 말씀을 하시는지요?"

"난 오래전부터 넓은 세계로 나가려는 꿈이 있었다오. 가끔은 깊은 산속으로 들어가 도를 닦겠다는 생각도 들었고 어느 때는 멀리 만주, 연해주와 같은 곳으로 가서 독립운동을 할까도 싶었소. 그래서 내일 새벽, 집을 떠날 것이오. 부디 부모님을 잘 부탁하겠소."

이 말에 아내는 하염없이 눈물을 흘렸다. 한용운도 가슴이 에일 듯했다.

하지만 그런 이별의 슬픔을 이겨 내고 자신의 꿈을 이루는 게 더욱 중요하다고 여겨 어금니를 깨물었다.

이튿날 새벽, 한용운은 아내와 정든 고향을 등지고 서울로 향했다. 서울로 가려 한 것은 서울이 나라 안팎의 소식을 가장 빠르고 자세히 들을 수 있는 곳이기 때문이었다. 한용운이 수원에 이르렀을 때였다.

"주모, 여기 국밥 한 그릇 주시오."

수원의 한 주막에 들러 끼니를 때우던 한용운은 옆에서 밥을 먹던 사람들이 나누는 이야기에 귀가 솔깃해졌다.

"강원도 오대산에 큰 도인이 계시다며?"

"그러게 말일세. 세상의 일을 모르는 게 없는 큰스님이라지? 그래서 그 스님이 법문을 하면 사람들이 구름처럼 모여든다는데 대체 어떤 분일까?"

이런 말을 듣던 한용운이 옆 사람들에게 물었다.

"그렇게 훌륭한 분이 계십니까? 강원도 오대산이라 하셨습니까?"

"그렇다네. 오대산 월정사란 절에 머물고 계시다는 소문이 있으나 자세한 건 우리도 모르겠네."

"아무튼 그 큰스님을 뵈려면 오대산 월정사부터 가야겠군요?"

밥을 먹던 한용운이 자리에서 일어나며 다시 물었다.

"아무리 급해도 그 밥그릇이나 비우고 떠나지 그러나?"

"아니올시다. 이까짓 밥이 문제가 아니라 그렇게 훌륭한 분을 한시바삐 뵙는 게 저한테는 더 중요합니다."

말을 끝내자마자 한용운은 짚신을 신고 오대산으로 길을 떠났다. 하지만 며칠 동안 숨 가쁘게 월정사까지 달려간 그는 맥이 풀렸다. 그가 꿈에서까지 그리던 큰스님이 벌써 다른 곳으로 떠났기 때문이다.

"저는 그 스님을 뵙기 위해 충청도에서 여기까지 한달음에 달려왔습니다. 대체 어디로 가셨습니까?"

한용운이 월정사 스님에게 물었다.

"그건 잘 모르겠네."

실망한 한용운이 발길을 돌리려고 하자 스님이 다시 말했다.

"멀리서 큰스님을 뵈러 왔다니 내설악에도 한번 가 보게."

"거기에 뭐가 있습니까?"

"백담사라는 유서 깊은 절이 있다네. 그 절에도 큰스님들이 계시니 자네에게 혹시 도움이 될 만한 일이 있을지 모르지."

▲ **백담사** | 내설악 깊은 곳에 위치한 백담사 경내의 한용운 흉상과 한용운의 시 〈나룻배와 행인〉 시비. 백담사는 한용운이 머물면서 《불교유신론》, 《십현담주해》, 《님의 침묵》을 집필한 곳으로도 유명하다.

설악산은 내륙 쪽의 내설악과 바닷가 쪽의 외설악으로 지역이 구분되고 있다. 내설악에는 백담사라는 큰 절이 있으며 오세암, 봉정암 등 유명한 암자도 있다. 월정사를 떠나 백담사로 찾아갔던 한용운은 내친 김에 오세암을 거쳐 봉정암에 이르렀다. 설악산 대청봉 서북쪽 기슭의 봉정암은 해발 1224미터로 우리나라에서 가장 높은 곳에 있는 절이다.

한용운은 봉정암에서 며칠 지내는 동안 스님이 되어 불교를 깊이 공부해야겠다는 마음이 생겼다. 본래 유학을 공부했지만 절에서 지내는 동안 불교에 대한 호기심이 커진 것이다.

"스님, 제가 출가해 중이 되고자 하는데 어떻게 해야 합니까?"

한용운이 봉정암 스님에게 물었다.

"중 노릇을 하는 게 생각처럼 쉽지는 않을 텐데……."

"어렵다는 건 각오했습니다."

이렇게 대답하자 봉정암 스님은 물끄러미 한용운을 바라보았다.

"머리를 깎는다고 바로 중이 되는 건 아닐세. 처음에는 땔감도 해 오고 절 안팎을 매일 청소하고 밥도 지어야 하네. 캄캄한 새벽부터 일어나 예불을 드려야 하며 참선 수행도 하고 경전 공부도 해야 한다네. 그런 고된 행자 생활을 거치고 비로소 큰스님께 계를 받아야 중이라 할 수 있지. 물론 계를 받은 뒤에도 수행을 게을리 하면 안 되지."

봉정암 스님의 말에 한용운은 고개를 끄덕였다. 여기서 '계'란 스님으로서 지켜야 할 계율을 뜻하며 스님이 되기 위해서는 먼저 '사미계'를 받고 그 뒤 정해진 기간이 지나 '비구계'를 받아야 비로소 정식으로 스님이라 불린다. 따라서 출가를 했더라도 아직 비구계를 받지 않은 스님은 '사미 스님'이라고 따로 부르기도 한다.

"제가 어려서부터 유학을 공부했으니 경전을 익히는 것은 어렵지 않을 테고 나머지 일들도 열심히 하겠습니다."

한용운이 다시 한 번 각오를 밝히자 봉정암 스님이 말했다.

"그렇다면 이 절에서 행자 생활을 시작해 보게."

그날부터 한용운은 봉정암에서 땔감을 구하고 밥을 짓고 청소도 해 가며 틈틈이 불교 경전을 읽기 시작했다. 그렇게 몇 달이 지나자 그의 불교 지식도 어느 정도 무르익었다. 그가 어려서부터 한학에 밝은 덕분이었다. 그때만 해도 불교 경전은 모두 한문으로 되어 있었기 때문에 한용운이 익힌 한학은 불교를 공부하는 데 큰 밑거름이 되었다.

(블라디보스토크에서 석왕사까지)

　　새파란 청년이 봉정암에서 행자 생활을 하고 있다는 이야기는 곧 백담사에도 알려졌다. 그때 백담사의 가장 큰 어른이었던 김연곡 스님이 한용운을 불렀다.
　　"큰스님, 부르셨습니까?"
　　"오냐. 너 이 절에서 공부 좀 해 보겠느냐?"
　　연곡 스님은 첫눈에 한용운의 그릇을 알아보고 자신의 제자로 삼았다.
　　한용운은 한동안 절 살림을 착실하게 익혀 나갔다. 하지만 그런 생활은 그리 오래가지 않았다. 이듬해인 1896년 초, 그는 아무도 모르게 절을 빠져나가 북쪽으로 향했다. 거기에는 나름대로 이유가 있었다.
　　한용운은 백담사에 있는 동안 불교 경전뿐 아니라 그 무렵 지식인들이 앞다퉈 읽던 개화사상에 대한 책들도 읽었다. 그 가운데 《영환지략》은 눈앞에

　불꽃을 일으킬 만큼 한용운에게 신선한 충격을 주었다. 《영환지략》은 청나라 관리이며 지리학자인 쉬지위(서계여)가 쓴 세계지리서이다. 쉬지위는 여러 서양인들과 교류하며 각 대륙의 지도를 모아 1850년에 《영환지략》을 펴냈는데 여기에는 아시아와 유럽, 아메리카, 아프리카 대륙의 지리가 자세히 소개되어 있다. 한용운은 그 책을 읽으면서 비로소 세계에 여러 대륙이 있고 각 대륙마다 수많은 나라들이 있다는 것, 민족마다 서로 다른 문화가 있다는 것을 깨달았다.

　한용운은 고향을 훌쩍 떠나 백담사에서 스님이 되었던 것처럼 이번에는 조국을 떠나 넓은 세상을 한 바퀴 돌아보기로 결심했다. 그래서 백담사를 슬그머니 빠져나간 한용운은 며칠 후 원산에 도착했다. 그 무렵, 원산에는 블라디보스토크까지 왕복하는 배가 있었다. 한용운은 원산으로 가는 도중에 우연히 두 스님을 만났다.

　"거기 젊은 스님은 어딜 가시오?"

　"소승은 원산까지 가려는데 두 분께서도 그리 가시는 길입니까?"

"그렇소. 원산에서 배를 타고 해삼위(블라디보스토크)로 갈 작정이라오."

"마침 잘 되었습니다. 소승도 해삼위로 가려던 참입니다. 길을 잘 모르니 두 분과 같이 가면 되겠군요."

"해삼위는 무슨 일로 가려는 게요?"

"무슨 일이 있어 가려는 게 아닙니다. 이 세상을 한 바퀴 돌아볼까 하는데 해삼위에 서양으로 가는 철도가 있다기에……."

한용운의 말에 두 스님은 깜짝 놀랐다.

"그러니까 지금 세계를 일주하겠단 말이오? 배짱 한번 크시구려."

한용운은 블라디보스토크에 도착한 뒤 거기서 출발하는 시베리아 횡단열차를 탈 작정이었다. 그 열차를 타면 유라시아 대륙을 지나 모스크바에 도착할 것이다. 그러면 유럽 대륙을 돌아본 뒤 거기서 다시 대서양을 건너 아메리카 대륙을 여행한 다음 배를 타고 태평양을 횡단해 일본을 거쳐 조선으로 돌아올 작정이었다. 그렇게 하면 두 스님의 말처럼 세계 일주를 하는 셈이었다. 하지만 한용운은 그렇게 하기까지 얼마나 많은 세월이 걸릴지, 돈은 얼마쯤 들지, 어떤 위험이 기다리고 있을지 조금도 짐작하지 못했다. 그저 온몸으로 부딪쳐 가며

▲ 《영환지략》 │ 청나라의 쉬지위가 1848년 완성하여 1850년에 펴낸 세계지리서로 개화파들이 즐겨 읽던 책이다.

넓은 세상을 배우고 겪어 볼 작정이었다.

그 즈음에 세계 일주를 한다는 것은 여간 어려운 일이 아니었다. 더군다나 여비조차 없었던 한용운이 세계 일주를 생각하는 것은 뜬구름을 잡는 일이나 마찬가지였다.

한용운 일행은 블라디보스토크에 도착하자마자 생명의 위협을 느껴야만 했다. 머리를 깎고 승복을 입고 있었기 때문이다. 그 무렵, 블라디보스토크에는 수많은 독립지사들이 모여들고 있었다. 블라디보스토크는 연해주 지역 독립운동의 중심지 역할을 하던 곳이었기에 의병이나 의병 지도자들이 모여 독립군으로 거듭나기 위한 준비에 한창이었다. 따라서 일제가 보낸 밀정이나 친일파들도 독립지사들의 움직임을 엿보려고 득실거렸다.

블라디보스토크에 살던 한국인들은 한용운 일행을 뚫어지게 바라보며 서로 수군거렸다.

"저자들이 혹시 일제의 밀정 아닌가?"

"그럴지도 모르지. 그놈의 단발령 때문에 나라가 뒤집어졌다는데 저놈들은 무슨 배짱으로 머리를 깎은 거야?"

일제는 1895년에 을미사변을 일으킨 뒤 개화파였던 김홍집에게 총리대신을 맡겼다. 그때 김홍집은 몇 차례에 걸쳐 갑오개혁을 추진했다. 세 번째 갑오개혁은 을미년인 1895년에 추진되었다 하여 '을미개혁'으로도 불리는데 이때 가장 중요한 내용은 양력을 사용한다는 것과 남자들의 머리를 짧게 깎으라는 단발령이었다.

당시 사람들에게는 관리든 선비든, 농민이든 머리카락을 매우 소중히 여기는 풍습이 있었다. 머리카락은 부모님께 물려받은 것이기에 함부로 잘라서는 안 된다는 유교 사상 때문이었다. 따라서 김홍집이 개혁을 한다면서 단발령을 내리자 백성들 모두가 완강히 저항했다. 특히 유학자들은 "내 목은 자를 수 있을지언정 머리카락은 자를 수 없다."며 김홍집 정부를 비판했다. 더구나 명성황후가 일본인들에게 시해당한 뒤의 일이라 김홍집 등 친일파에 대한 분노가 매우 컸다. 결국 김홍집, 어윤중 등은 성난 군중들에게 맞아 목숨을 잃었다.

이런 때여서 머리를 짧게 자른 한용운 일행은 블라디보스토크에서 활동하던 독립지사와 애국자들의 의심을 받았다. 평소에 스님을 볼 기회가 없었던 사람들은 겉모습만 보고 한용운 일행을 일제의 끄나풀로 오해했다.

가까스로 한 여관에 든 한용운 일행이 저녁 식사를 마친 뒤였다. 갑자기 청년들 여럿이 그곳으로 들이닥쳤다. 그들은 금세라도 스님들을 해칠 듯한 얼굴이었다.

"웬 놈들이냐?"

한용운이 청년들에게 소리쳤다. 비록 몸집은 작았지만 눈은 빛났고 목소리에는 위엄이 있었다.

"우리는 너희 같은 일제의 밀정을 저승으로 보내려고 왔다."

"밀정이라니? 당신들은 중도 모르는가?"

"하하하! 중이라고? 중처럼 변장한 일제의 끄나풀이겠지."

청년들은 한용운의 당당한 모습을 보면서도 의심을 풀지 않았다.

"그렇게 의심스럽다면 저 걸망을 뒤져 보아라. 내가 가진 물건은 그게 전부다."

청년들은 곧 방 한쪽 구석에 놓였던 한용운의 걸망을 살펴보았다. 그 속에는 승복 한 벌과 속옷, 《금강경》 한 권이 전부였다. 다른 스님들의 걸망 속에도 의심을 살 만한 물건은 하나도 보이지 않았다.

하지만 청년들의 의심은 좀처럼 그치지 않았다.

"오늘은 이쯤 돌아간다만 내일 밤에는 너희들의 목이 성치 못할 것이다. 그렇다고 도망칠 생각은 말아라."

한용운은 이튿날 오전, 여관 주인에게 물어 엄인섭이란 사람을 찾아갔다. 엄인섭은 일찍이 러시아 군대에 들어가 훈장을 받을 정도로 공을 세웠으며, 그 당시 블라디보스토크에 사는 한국 교포들의 대표로 있었다.

엄인섭을 만난 한용운이 다짜고짜 말했다.

"소승은 오늘 엄 선생께 유언을 남기려고 왔습니다."

"유언이라니 그게 무슨 말입니까?"

깜짝 놀란 엄인섭이 물었다.

"소승 일행은 어제 이곳에 도착하자마자 교포 청년들의 협박을 받았습니다. 우리를 일제의 밀정으로 여긴 그들이 오늘 밤 우리를 처단하겠다고 하니 이제 죽을 일만 남지 않았습니까? 그래서 소승의 주검을 바다에 던지지 말고 백골만이라도 조국 땅으로 보내 달라는 부탁을 드리러 왔습니다."

《금강경》 | 불교에는 수많은 경전이 있는데 그중에서도 우리가 《금강경》이라고 부르는 《금강반야바라밀경》이 가장 대표적이다. 이 경전은 산스크리트 원본도 현존하며 최근 영어, 독일어, 프랑스어 등으로도 번역되었다.

이 말에 엄인섭은 크게 감동했다. 한용운의 용기도 놀라웠지만 논리 정연한 말솜씨로 자신의 신분을 밝히면서 애국자임을 드러냈기 때문이다.

"스님들께 그런 일이 있었군요. 아무튼 그 청년들을 대신해 사과 드리겠습니다."

엄인섭은 그렇게 말한 뒤 한용운에게 명함 한 장을 건네며 말했다.

"만약 어제처럼 위급한 일을 당하면 이 명함을 보여 주세요. 하지만 세계 일주를 하겠다는 뜻은 접으시는 게 좋겠습니다."

"고맙습니다. 그럼 소승은 이만……."

한용운은 엄인섭에게 인사한 뒤 자리를 떴다.

그날 다른 스님들이 여관방에 숨어 떨고 있는 동안 한용운은 블라디보스토크 거리를 마음껏 돌아다니며 구경했다. 그러다가 다시 대여섯 명의 한국 청년들에게 에워싸였다.

"여기가 어디라고 밀정 놈이 돌아다니지?"

"난 설악산 백담사의 중이다. 밀정이라니 당치도 않다."

한용운은 엄인섭의 명함까지 보여 주었다.

"여기 엄인섭 선생이 내 신분을 보증해 주었으니 보아라."

"이까짓 명함은 필요 없다."

청년들은 그 명함을 갈기갈기 찢어 버리고 한용운에게 주먹을 휘두르기 시작했다. 한용운도 그들과 맞서 싸웠다. 하지만 키가 작은 한용운 혼자서 청년들 대여섯 명을 당해 낼 수는 없었다.

바로 그때 지나가던 중국인이 그 싸움을 말렸다.

"너 몸조심해라! 언제 네 모가지가 떨어질지 모른다."

청년들은 물러가면서도 한용운을 협박했다. 얼마 후 한용운의 이야기를 들은 중국인도 말했다.

"여기서 더 머뭇거리면 목숨을 잃을지도 모르오. 세계 일주 따위는 꿈도 꾸지 말고 어서 조선으로 돌아가시오."

한용운은 하는 수 없이 그 충고를 받아들였다. 여관으로 돌아간 한용운은 나머지 두 스님과 함께 원산으로 가는 배를 타려고 했다. 하지만 뱃삯이 떨어진 그들은 얀치혜와 두만강을 거쳐 닷새를 걸은 끝에 겨우 귀국할 수 있었다.

그 일로 한용운이 마음속에 그렸던 세계 여행의 꿈은 물거품처럼 사라졌다. 한용운은 훗날 '북대륙의 하룻밤'이라는 글에서 이때의 일을 두고 '언제든지 나의 추억에서 사라질 수 없을 것'이라고 기록했다.

블라디보스토크에서 벗어난 한용운 일행은 함경도 안변에 있는 석왕사를 찾아가서야 비로소 마음을 놓을 수 있었다. 석왕사는 고려 말의 고승인 무학 대사가 수행하던 토굴을 조선 초에 크게 일으켜 세운 절이다.

조선의 태조 이성계가 아직 왕이 되기 전의 일이었다. 하루는 그가 이상한 꿈을 꾸었는데 도무지 그 뜻을 알 수가 없었다. 이성계는 평소에 잘 알고 있던 무학 대사를 찾아가 물었다. 그때 무학 대사는 허름한 토굴에

▲ **석왕사 (그림)** | 조선 태조 때 무학 대사가 창건한 절로, 함경남도 안변군 설봉산에 위치해 있다.

서 수행을 하고 있었다.

"스님, 내가 지난밤 희한한 꿈을 꾸었소."

"그래 어떤 꿈을 꾸셨기에 이렇게 누추한 곳을 찾아오신 겁니까?"

"내가 꿈속에서 양 한 마리를 잡으려고 쫓아갔지 뭡니까. 그런데 도망치던 양의 뿔과 꼬리가 갑자기 떨어지는 게 아니겠소? 그러니 불길한 꿈이 아닐까요?"

무학 대사가 빙그레 웃고 난 뒤 답했다.

"장군, 신라 때 원효 대사께서는 모든 게 마음먹기에 달렸다고 했습니다. 불길한 꿈을 꾸고도 좋은 일이 생길 것이라며 위안을 삼으면 실제로 그렇게 된다는 말입니다. 그런데 내가 생각하기에 장군이 꾸었던 꿈은 불길하기는커녕 매우 좋은 꿈입니다. 길몽이에요."

그 말에 이성계가 고개를 갸우뚱했다.

"왜 길몽이라 하는지 해몽이나 들어 봅시다."

"잘 들어 보십시오. 양(羊)이란 글자에서 뿔과 꼬리를 떼어 내면 무슨 글자가 됩니까?"

"그거야 왕(王) 자가 되지 않겠습니까?"

"바로 그겁니다. 장군께서 양을 잡으려고 달려갔는데 뿔과 꼬리가 저절로 떨어졌으니 그 꿈은 장군이 머지않아 이 나라의 왕이 된다는 뜻이 아니겠습니까?"

그 말에 이성계는 호탕하게 웃었다.

"허허허! 듣고 보니 대사의 말씀이 참으로 옳소. 아무튼 고맙구려."

무학 대사의 예언대로 이성계는 고려 왕조를 무너뜨리고 조선의 태조가 되었다. 태조는 무학 대사의 은혜를 잊지 않고 무학 대사가 수행하던 토굴 자리

해몽 | 꿈을 풀이하는 것을 말한다.

에 석왕사라는 번듯한 절을 지어 주었다. 여기서 석왕(釋王)이란 '왕이 된다는 해석'이라는 뜻이다.

석왕사는 조선의 태조가 직접 짓게 한 절이어서 조선의 숭유억불 정책에도 아랑곳없이 규모가 날로 번창했다. 한용운 일행이 석왕사를 찾았을 때도 대웅전, 응진전, 영월루 등 수많은 전각들이 웅장하게 자리 잡고 있었다.

한용운은 석왕사에 머물며 참선 수행에만 온 마음을 쏟았다. 불교의 경전이 부처님의 말씀을 담은 것이라면 참선 수행은 부처님의 마음을 깨닫는 수행이다. 그동안 경전 공부에만 힘을 기울여 왔던 한용운은 석왕사에서 처음으로 참선을 시작했다.

그렇게 석왕사에 머물던 한용운은 1897년에 비로소 서울에 발을 들여놓았다. 서울은 한용운이 고향을 떠날 때 목적지로 정한 곳이었으나 백담사와 블라디보스토크, 석왕사를 거쳐 몇 해 만에야 도착한 것이다. 그 무렵에는 신사 유람단을 비롯해 서양의 문물을 배우기 위해 일본으로 유학을 떠나는 젊은이들이 무척 많았다. 한용운도 그런 젊은 지식인들처럼 도쿄로 찾아갈 작정이었다. 그가 뒤늦게 서울로 올라간 것도 그런 꿈을 이루기 위해서였다.

하지만 한용운이 서울에 도착했을 때는 나라의 사정이 더욱 어수선했다. 산속에서 수행만 하던 스님이 일본으로 건너갈 형편은 결코 아니었다. 그런 현실에 눈을 뜬 한용운은 다시 발길을 돌려야 했다.

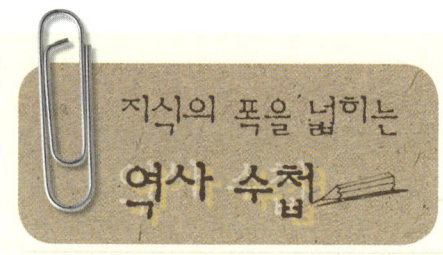

불교의 경전들

기독교의 성경, 이슬람교의 코란처럼 불교에도 경전이 있다. 그런데 불경은 성경이나 코란과는 달리 그 종류와 분량이 방대하다. 그 예로 고려 때에 완성된 고려대장경에는 모두 8만 1258장에 이르는 대장경판에 수천 가지가 넘는 불교 경전이 새겨져 있다. 이처럼 불경의 종류가 다양하며 그 양이 방대한 것은 부처님이 제자들에게 남긴 말씀을 시기별로 빠짐없이 기록했기 때문이다. 부처님은 45년 동안 인도의 여러 지역을 다니며 설법을 했다. 그 뒤 부처님이 세상을 떠나자 제자들이 다 함께 모여 부처님의 설법을 순서대로 정리해 나갔다. 그때는 녹음기가 없었으므로 기억력이 뛰어난 제자가 부처님이 언제, 어디서, 어떤 말씀을 하셨는지 육하원칙에 따라 암송하면 다른 제자들이 듣고 잘못된 부분을 바로잡고 기록하는 방법으로 경전이 만들어졌다.

그 일을 이끌어 간 것은 부처님의 10대 제자 중 한 사람인 '아난'이었다. 아난은 한 번 보고 들은 일은 결코 잊는 법이 없는 기억력의 천재였다. 따라서 거의 모든 불교 경전은 아난의 기억력에 의존해 한 권씩 완성되었다. 그래서 대부분의 불경이 "나는 이렇게 들었다(여시아문)."로 시작된다. 여기서 '나'란 아난을 가리키며 이 말 뜻은 "나는 부처님 말씀을 이렇게 들었는데 여러분의 의견은 어떠십니까?" 하는 의미이다.

불교 신자라 해도 불교의 모든 경전을 완전히 읽을 수는 없으며 불교의 종파마다 중요하게 여기는 경전도 서로 다르다. 예를 들어 우리나라에서 가장 규모가 큰 대한불교조계종에서는 《금강경》을 다른 경전보다 좀 더 중요하게 여긴다. 또한 불교의 여러 경전 중에서도 《금강경》,《화엄경》,《법화경》 등이 대표적 경전으로 손꼽힌다.

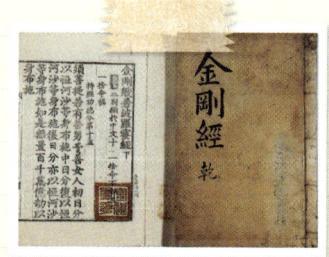

▲ 금강경

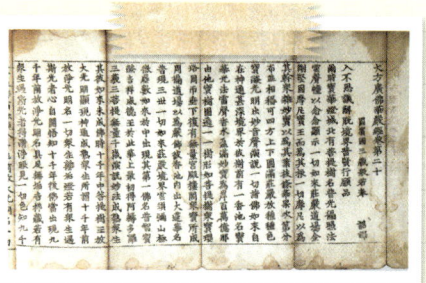

▲ 화엄경

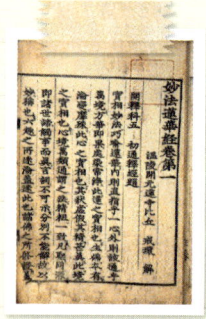

▲ 법화경

(분주한 나날들)

　이제 한용운이 갈 곳은 백담사와 고향밖에 없었다. 한용운은 고향을 선택했다. 한용운이 집을 떠나면서 굳게 다짐했던 일들은 아무것도 이루어지지 않았다. 그렇다고 스승에게 인사 한마디 올리지 않고 떠나왔던 백담사로 돌아가는 건 너무나 송구한 일이었다. 그래서 아내와 가족들이 기다리고 있을 고향으로 발길을 돌렸다.

　한용운은 며칠 동안 걸어서 고향 홍주(지금의 홍성군)에 도착했다. 그런데 그의 고향 집은 텅텅 비어 흉가처럼 변해 있었다. 깜짝 놀란 한용운은 저잣거리로 나가 그동안의 소식을 들었다.

　한용운이 고향을 떠난 이듬해인 1895년, 을미사변이 터지고 나라 곳곳에서 의병들이 들고 일어났다. 홍주에서도 약 6000여 명의 의병이 일어났다. 홍주 목사를 비롯한 지방관들도 의병 부대에 참여했다. 그 무렵 한용운의 아

목사 | 조선 시대 지방 행정 단위의 하나인 목(牧)을 다스리던 정3품 관리를 말한다.

버지 한응준은 홍주 관아에서 직급이 낮은 관리로 생활하다가 의병이 되었다. 그러나 누군가 관군에게 고발을 해 한응준과 한용운의 형 한윤경은 그만 목숨을 잃었다.

일제의 간섭을 받던 김홍집 내각은 의병들이 관군에게 저항하는 것을 용서하지 않았다. 의병들은 관군과 싸워야 했지만 일본군이 아닌 우리 관군과 맞서는 문제를 두고 심한 갈등을 겪었다. 유생 의병장으로 활약하던 최익현이 끝내 체포되어 쓰시마로 유배당한 것도 '차마 같은 민족인 관군과는 싸우지 못하겠다'는 이유 때문이었다.

한용운의 아버지와 형은 의병 부대에 참여했다는 이유로 목숨을 잃었다. 그뿐 아니라 한용운의 어머니와 형수도 살해당해 집안은 풍비박산이 났다. 한용운의 아내만 간신히 살아서 친정에 머물고 있었다.

"스님도 어서 여길 떠나시우."

한용운에게 그런 소식을 알려 준 저잣거리의 주모가 말했다. 주모는 홍주 관아에서 아직도 검문을 심하게 하고 있어 한용운의 목숨도 위태로울 것이라고 했다.

한용운은 끓어오르는 분노와 슬픔을 겨우 달래며 아내가 있는 처가로 향했다. 이튿날 새벽에야 처가에 도착한 한용운을 가장 먼저 맞은 건 아내 전정숙이었다. 아내는 소리 없이 눈물을 흘렸고 한용운은 그런 아내를 볼 낯이 없었다.

"어서 옷부터 갈아입으세요."

아내는 전부터 준비해 두었던 한복을 꺼냈다. 덕분에 한용운은 스님 생활을 하며 떠돌았던 일을 처가 식구들에게 숨길 수 있었다. 그 일로 환속을 하게 된 그는 줄곧 처가에 머물며 세월을 보냈다. 환속이란 출가했던 스님이 승복을 벗고 일반인으로 돌아오는 것을 말한다.

1904년, 한용운이 처가에 머문 지 7년, 어느덧 그의 나이도 스물여섯 살이 되었다. 그해 봄에 아내는 임신을 했다. 그 일은 어딘가로 떠도는 데 익숙했던 한용운의 마음을 흔들었다.

한용운은 처가에 머무는 동안 벽장에 숨겨 두었던 《금강경》을 읽으며 마음을 달랬다. 나라의 사정은 날이 갈수록 벼랑 끝으로 내몰리는 듯했다. 그런 데다 아내가 임신했다는 사실을 알게 되자 한용운은 다시 세상을 떠도는 일로 마음이 기울었다. 왕자로 태어난 부처님도 아들 라훌라가 태어났을 때 궁궐을 몰래 빠져나가 6년 동안 수행한 끝에 깨달음을 얻고 이 세상 최고의 스승이 될 수 있었다.

한용운은 아내와 처음 결혼했을 때처럼 고민을 거듭하다가 마침내 집을 떠나기로 했다. 지난날 한용운은 설악산 백담사에서 1년 남짓 행자 생활을 했지만 아직은 비구계를 받지 못했다. 그래서 이번에는 착실히 수행하여 정식으로 스님이 되고자 했다.

이렇게 결심한 한용운은 배가 불룩한 아내를 남겨 둔 채 다시 백담사로 향했다. 평범한 가장으로만 살 수 없었던 한용운에게는 도를 닦는 일이 가장 마음에 끌렸다. 그래서 두 번째 출가를 하게 된 것이다.

한용운은 1904년부터 1908년 사이에 백담사에서 큰스님들을 모시고 불교를 열심히 공부했다. 그때 큰스님들에게 비구계를 받고 '만해(萬海)'라는 법명을 받았다. 이제 비로소 어엿한 스님이 된 것이다.

어느 날, 그의 스승 중 한 분인 학암 스님이 말했다.

"네게는 더 이상 가르칠 것이 없다. 이제 원하는 곳으로 떠나거라."

"하지만 스님께서 몸져누우셨는데……."

"걱정 마라. 누구나 태어나서 자란 뒤에는 늙고 병들어 죽는 것 아닌가. 나도 떠날 때가 되었어."

그동안 나라는 을사조약과 정미 7조약 등으로 일제의 손아귀에 거의 넘어갔다. 한용운은 수행을 하면서도 이따금 듣게 되는 바깥소식에 울분을 참지 못했다.

한용운은 학암 스님과 처음의 스승이었던 연곡 스님께 하직 인사를 드리고 이제 백담사를 떠나 금강산으로 향할 작정이었다. 한용운이 백담사를 떠나기 전이었다. 연곡 스님이 한용운에게 《음빙실문집》이라는 책을 주었다. 《음빙실문집》은 청나라의 이름 높은 사상가인 량치차오(양계초)가 지은 것으로 평등사상과 자유사상, 자주 사상을 일깨워 주는 계몽 서적이었다. 한용운이 블라디보스토크로 가기 전에 읽었던 《영환지략》이 세계의 지리를 소개하는 책이라면 《음빙실문집》은 서양 사상을 동양의 지식인들에게 소개하는 책이었다.

한학과 불교 경전만 읽었던 한용운은 《음빙실문집》을 읽는 동안 먹고 자는 것을 잊을 만큼 푹 빠져들었다. 그 책은 훗날 한용운이 《조선불교유신론》을 쓸 때도 큰 영향을 주었다. 한용운은 《음빙실문집》을 읽으면서 비로소 칸트나 루소, 데카르트와 같은 서양 철학자들의 이름과 그들의 사상을 만날 수 있었다.

《음빙실문집》을 외우다시피 읽고 난 한용운은 마침내 백담사를 떠나 금강산에 이르렀다. 한용운은 금강산의 유서 깊은 사찰인 건봉사와 유점사 등에서 참선 수행을 하며 자신의 철학과 사상을 다져 나갔다. 그러던 1908년 4월, 한용운은 일본으로 떠날 기회를 얻었다. 그 무렵 우리나라의 절을 순례하던 일본 스님들의 초청을 받은 것이다.

김옥균 등 개화파가 1884년에 갑신정변을 일으켰을 때 영향을 주었던 인물들은 박규수와 유대치, 이동인 등 개화사상가였다. 그중 스님이었던 이동인은 서양 문물을 받아들여 눈부시게 발전하고 있는 일본의 모습을 보고 큰 충격을 받았다. 이동인은 일본을 자주 드나들면서 조선도 하루빨리 쇄국 정책을 버리고 개화를 하지 않는다면 서양 강대국의 먹잇감이 될 것이라고 생각했다.

김옥균, 이동인 등 개화사상가의 주장은 얼마 지나지 않아 사실로 드러났다. 한용운도 선배 스님이었던 이동인의 생각을 옳게 여겼다. 그래서 그는 기회가 닿는 대로 일본으로 건너가 그들이 어떤 사상과 방법으로 나라를 근대화시켰는지 살펴볼 작정이었다.

한용운은 1908년 5월부터 반년 가까이 일본의 도쿄와 미야지마, 교토, 닛코 등에서 서양 철학과 불교 강의를 들으면서 견문을 넓혔다. 그 사이에 최린과 같은 한국 유학생을 자주 만나 깊은 이야기를 나누기도 했다. 천도교 신자였던 최린은 일본 메이지 대학 법학부에 다니고 있었다. 훗날 한용운이 최린 등 천도교 지도자들을 중심으로 시작된 3·1 운동 때 큰 역할을 했던 것도 이런 만남이 있었기 때문이다.

한용운은 귀국을 하기 전 측량 기술을 익혔을 뿐 아니라 측량 기계도 사 들였다.

스님이었던 그가 토지 측량에 관심을 가진 까닭은 무엇일까? 한용운은 일본인들이 측량 기계를 이용해 한국의 토지를 야금야금 빼앗는다는 것을 알게 되었다. 예를 들면 한국의 어떤 농민이 1000평방미터의 토지를 가지고 있다면 일본인 측량사가 그 땅을 새로 잰답시고 800평방미터로 기록한 뒤 몇 년 뒤에 다시 찾아가 "당신은 나라의 허락도 없이 200평방미터를 더 경작했으니 그 세금을 더 내거나 아니면 그 땅을 내놓아야 한다."며 땅을 빼앗는 식이었다. 일본인들의 그처럼 비열한 방법을 알게 된 한용운은 자신이 먼저 측량 기술을 익힌 뒤 그것을 한국에 있는 청년들에게 알려 주기로 했다.

결국 한용운은 1908년 10월에 측량 기계 한 대를 사 들고 귀국했다. 그리하여 서울 청진동에 '경성명진측량강습소'를 열었다.

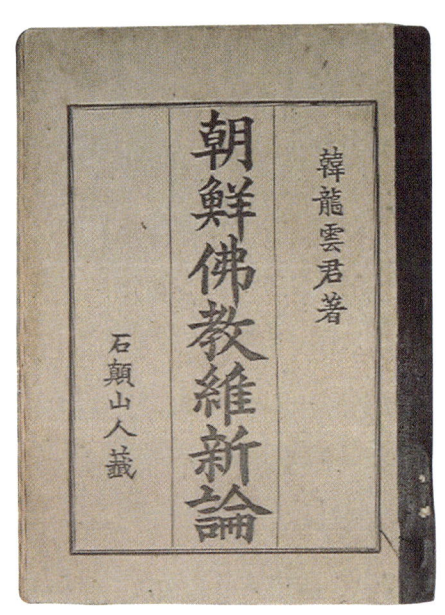

▲ 《조선불교유신론》 한용운이 쓴 책으로, 일제 강점기 불교의 시대적 임무와 구체적 개혁 방법을 제시했다.

한용운은 조국의 젊은이들

에게 측량 기술을 전한 데 이어 《조선불교유신론》을 펴내 커다란 바람을 일으켰다. 1910년 백담사에서 원고를 모두 쓴 뒤 1913년에 펴낸 이 책은 낡은 습관과 사상을 버리고 한국 불교를 새롭게 개혁하자는 내용이었다.

조선 왕조는 유교를 받드는 대신 불교를 배척하는 숭유억불 정책을 펼쳤으며 그 때문에 불교와 스님들은 500년이 넘도록 천대를 받아 왔다. 그런 가운데서도 서산 대사, 사명 대사처럼 나라를 지키는 데 앞장선 스님들도 있었고 피나는 수행 끝에 깨달음을 얻은 스님들도 많았다. 하지만 모든 스님들이 한결같이 수행에만 힘쓴 것은 아니었다. 특히 조선 말기와 대한 제국 시대를 거치는 동안 일제의 압력과 일본 불교의 영향을 받아, 맑고 깨끗했던 수행 정신이 흐려지고 있었다.

한용운은 《조선불교유신론》을 통해 한국 불교의 잘못된 점들을 날카롭게 비판하면서 개혁할 방법을 제시했다. 여기서 '유신'이란 낡은 제도나 생각을 새롭게 뜯어고친다는 뜻이다. 《조선불교유신론》은 지금까지도 우리나라 불교에 많은 영향을 끼치고 있다. 그렇지만 한용운이 이 책에서 스님들도 결혼을 해야 한다고 주장한 것에는 반대하는 이들도 많다. 불교의 여러 종단 가운데 전통과 규모가 첫손에 꼽히는 조계종에서는 스님들의 결혼을 금지하고 있기 때문이다.

1909년 10월 26일은 안중근 의사가 하얼빈 역에서 이토 히로부미를 저격한 날이었다. 안 의사의 하얼빈 의거 소식은 금세 조국에도 전해졌다.

"안중근 의사가 참으로 큰일을 해냈군 그래."

한용운이 주먹을 불끈 쥐며 말했다.

"스님, 다른 곳에서 그런 말 하시다가는 큰일 납니다."

주변 사람들이 놀라며 걱정했다. 사실, 하얼빈 의거 소식에 한국인들은 속으로 만세를 불렀지만 이완용을 비롯한 친일파 대신들은 친부모님이 돌아가신 것보다 더 슬퍼했다. 그뿐 아니라 이토 히로부미의 장례식이 끝날 때까지 모든 국민들은 음주와 가무를 중지하라는 지시까지 내려졌다.

한용운은 매국노들의 태도에 아랑곳없이 하얼빈 의거의 감격을 시로 표현했다.

만 섬의 뜨거운 피, 열 말의 쓸개
한 칼을 버려 내니 서리가 뻗쳐
고요한 밤 갑자기 벼락이 치며
불꽃 튀는 그곳에 가을 하늘 높아라.

- 한용운의 시 〈안해주(安海州)〉

여기서 안해주란 황해도 해주에서 태어난 안중근을 가리킨다. 한용운과 안중근은 똑같이 1879년생이며 생일은 한용운이 사흘 빠르다. 두 사람은 서로 만난 적은 없었지만 의롭지 못한 것을 참지 못하는 성격이나 뜨거운 애국심은 똑같았다.

안중근이 하얼빈 의거를 일으킨 것은 한국을 강제로 지배하려는 일본의 음모를 전 세계에 알리기 위함이었다. 일본의 한일 병합을 막거나 그 시기를 늦추려는 목적도 있었다. 하지만 안중근을 비롯한 한국인들의 간절한 뜻에 아랑곳없이 일제는 한국을 완전히 지배하게 되었다.

▲ **안중근** |독립운동가. 1909년 동베이의 하얼빈 역에서 이토 히로부미를 사살해 한국인의 독립 의지를 전 세계에 알렸다.

1910년 8월 말, 한국의 모든 주권을 일본이 영원히 차지한다는 한일 병합 소식은 한용운이 머물던 금강산 표훈사에도 전해졌다.

한용운이 그 소식을 들은 날 저녁이었다. 공양을 위해 큰스님을 비롯해 90여 명의 스님이 엄숙하게 의식을 마친 뒤 수저를 들 때였다. 한용운이 갑자기 자기 앞에 놓인 발우를 뒤집어엎었다. 나무로 만들어진 발우였지만 그 소리는 요란했다. 모두들 놀란 눈으로 한용운을 바라보았다. 그때 한용운이 자리를 박차고 일어나 성난 사자처럼 소리를 질렀다.

"이 벌레 같은 놈들아! 지금 나라의 주권을 빼앗겼는데 밥이 넘어간단 말이냐?"

공양 |공덕을 쌓기 위해 음식, 재물 등을 법당이나 스님에게 올리는 일. 흔히 절에서 식사하는 일을 가리키기도 한다.
발우 |스님들이 공양할 때 쓰는 그릇이다.

스님들은 큰 충격을 받은 나머지 어쩔 줄 몰라 했다. 누구도 한용운의 말에 대꾸를 하지 못했다. 한용운은 그들을 뒤로 한 채 절을 뛰쳐나가며 미친 사람처럼 소리쳤다.

 "나라가 망했어! 나라가……."

 한용운은 한자리에 머물 수가 없었다. 금강산을 떠난 그는 며칠 후 안변의 석왕사를 다시 찾아갔다가 그곳에서 박한영 스님을 만났다. 박한영은 그 당시 불교계에서 학문이 깊고 덕이 높은 스님으로 존경받던 분이었다. 평소 그의 이름만 들어 왔던 한용운은 대뜸 그 앞에 엎드려 울부짖었다.

 "스님! 나라가 망했으니 어찌 해야 합니까?"

 박한영은 한용운의 등을 두드려 주며 용기를 북돋아 주었다.

"나라를 잃었으면 다시 찾아야지. 만해 스님의 힘으로 꼭 이 나라를 되찾을 것이여. 암, 그렇고말고."

한용운은 그때 비로소 마음의 안정을 되찾았다. 석왕사에 머물며 수행하던 한용운은 만주로 떠날 작정이었다. 그곳으로 건너가 독립운동의 길을 찾기 위해서였다.

……1911년 가을인가 보다. 몹시 덥던 더위도 사라지고, 온 우주에는 가을 기운이 새로울 때였다. ……이때에 나는 삿갓을 쓰고 지팡이 하나를 벗 삼아서 표연히 만주 길을 떠났었다. ……나는 그때에도 불교도였으니까 한 승려의 행색으로 우리 동포가 가서 사는 만주를 방방곡곡 돌아다니며 우

리 동포를 만나 보고 서러운 사정도 서로 이야기하고 막막한 앞길도 의논하여 보리라 하였다……

- 한용운의 수필 〈죽다가 살아난 이야기〉 중에서

이 글에서처럼 한용운은 1911년 가을에 만주로 떠났다. 그 무렵에는 블라디보스토크와 마찬가지로 만주에도 농민과 의병 등 우리 동포 수십만 명이 건너가 터를 잡고 살았다. 특히 독립지사들은 교포들의 교육을 맡았을 뿐 아니라 여러 곳에 기지를 만들어 독립군들을 훈련시키고 있었다.

한용운은 만주 지역의 여러 곳을 돌며 동포들이 살아가는 모습을 두루 살펴보았다. 그뿐 아니라 박은식, 이시영, 김동삼, 윤세복, 이동하 등 독립군 지도자들을 만나 독립의 의지를 불태워 나갔다.

그중에서도 김동삼과 만난 일은 특별했다. 한학자이면서 교육자였던 김동삼은 만주로 건너가 이시영 등과 신흥무관학교를 세운 독립지사였다.

"우리는 여기서 독립 전쟁을 준비할 테니 스님은 고국으로 돌아가 우리의 활동을 도와주셔야 합니다. 임진왜란 때 승병이 일어나 나라를 지켰던 것처럼 지금도 스님들이 힘을 모아 왜놈들을 무찌를 때 아닙니까?"

"옳습니다. 내가 귀국하면 독립지사들의 의로운 기상을 잊지 않고 불자들을 모으도록 하겠습니다."

이렇게 약속한 한용운은 다시 드넓은 만주 벌판을 여행했다. 그러던 어느 날 남만주의 밀림 속을 지나가던 한용운은 문득 걸음을 멈췄다. 아까부터 누군가가 뒤를 쫓는다는 느낌 때문이었다. 아니나 다를까 한국인 청년 둘이

한용운을 미행하고 있었다.
"자네들은 누군데 나를 쫓아오는가?"
한용운이 묻자 청년들은 다짜고짜 다그쳤다.
"이놈! 네가 왜놈의 앞잡이렷다! 우린 너 같은 정탐꾼을 없애 버릴 독립군이다."
한용운은 블라디보스토크에 갔을 때처럼 다시 한 번 밀정으로 오해를 받았다. 한용운이 대답을 하려는 순간 청년들은 한용운에게 권총 방아쇠를 당겼다. 한용운은 뭐라고 대꾸할 틈도 없이 총탄을 맞고 쓰러졌다. 첫 번째 총탄은 한용운의 귓가를 스쳤고 두 번째 총탄은 머리에 맞았다. 세 번째 총탄이 날아올 쯤에는 의식을 잃고 쓰러졌다.

얼마 뒤 겨우 정신을 차린 한용운은 총에 맞은 머리가 깨질 듯 아팠다. 날은 어느새 어둑어둑 저물고 있었다. 그의 머리에서는 피가 철철 흘러내렸다. 한용운을 쏜 청년 중 하나는 그의 걸망을 뒤적였고 다른 한 사람은 커다란 돌멩이를 들어 그의 배 위에 얹어 놓으려고 했다.

그런 가운데서도 한용운은 정신을 놓치지 않고 몸을 일으켜 세웠다. 그리고 오던 길로 천천히 되돌아갔다. 한용운이 그렇게 한 것은 청년들에게 왜놈의 정탐꾼이 아니라는 걸 보여 주기 위해서였다.

아직도 의심을 풀지 못한 청년들이 뒤를 따르자 한용운은 있는 힘껏 소리쳤다.

"지금도 내가 왜놈의 앞잡이로 보이냐? 그렇다면 어서 날 죽여라!"

그런 기개에 놀란 청년들은 비로소 발길을 돌려 사라졌다. 머리의 상처를 감싼 채 밀림을 지나 청나라 사람들의 마을에 도착한 한용운은 곧 병원으로 옮겨졌다. 그때 김동삼이 소개한 의사가 한용운의 머리에 박힌 총탄을 빼내는 수술을 맡았다.

"스님, 이렇게 큰 수술을 하려면 마취를 해야 합니다."

의사의 말에 한용운은 고개를 저었다.

"아무 걱정 말고 그냥 수술해 주시오. 그런 아픔이나 기쁨은 모두 내가 떠맡으리다."

"마취를 안 하면 고통을 참지 못할 것입니다."

"괜찮습니다. 나라의 주권을 일제에게 빼앗겼는데 이까짓 아픔쯤이야."

한용운이 몇 번이나 마취를 완강하게 거절하자 의사는 그대로 수술을 시작했다. 한용운은 이때의 일을 다음처럼 기록했다.

> 총알에 뼈가 모두 으스러져서 살을 짜개고 으스러진 뼈를 주워내고 긁어내고 하는데 뼈 긁는 소리가 바각바각하였다. 그러나 뼛속에 박힌 탄환은 아직도 꺼내지 못한 것이 몇 개 있으며……
>
> - 한용운의 수필 〈죽다가 살아난 이야기〉 중에서

그 수술이 끝난 뒤 한용운은 50일이나 병상에 누워 있었다. 그 뒤에도 날씨가 추워지면 총탄을 맞았던 머리가 쑤시고 고개가 저절로 돌아가는 후유증에 시달렸다.

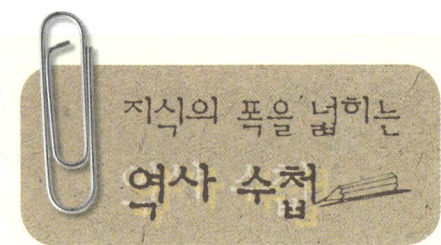

모르는 게 없었던 박한영 스님

박한영 스님은 20세기 한국 불교계에서 학문이 높기로 첫손에 꼽힌다. 훗날 박한영의 한시를 모아 《석전시초》를 펴냈던 최남선은 책의 머리말에서 "석전 스님은 도대체 모르는 게 없을 만큼 박식했다."고 감탄했다. 역사학자인 정인보도 "박한영 스님과 함께 길을 갈라치면 한국 땅 어디를 가나 모르는 게 없다. 산에 가면 산 이야기, 물에 가면 물 이야기……. 무엇에 관한 문제를 꺼내든 석전 스님의 이야기는 끝이 없었다."고 밝힐 정도였다.

박한영은 한용운과 함께 한국 불교를 개혁하며 한국에 스며든 일본식 불교를 쓸어 내는 운동에 몸을 바쳤다. 학문과 사상, 수행 등 어느 것 하나 흠잡을 데 없이 훌륭했던 박한영은 후배이며 독립운동의 동지였던 한용운에게 크게 화를 낸 적이 있다. 한용운이 《조선불교유신론》에서 "스님들의 결혼을 허용하는 게 좋겠다."고 했기 때문이다. 스님들의 결혼을 절대 허락하지 않는 게 우리나라 불교의 전통인데 한용운이 그 전통을 무너뜨리는 주장을 했기 때문이다.

그래서 박한영은 한용운을 만나 호되게 꾸짖었다.

▲ **개운사 대원암** | 1396년 무학 대사가 '영도사'라는 이름으로 창건한 유서 깊은 절이며, 근대 불교의 대석학 박한영 스님이 머물며 경전을 번역한 곳으로도 유명하다.

"지옥이란 곳이 있다면 바로 네놈이 들어가야 혀. 조선 중을 다 망쳐 놓은 놈이니……."

이때 만해는 "제가 뭐 조선 불교를 망쳐 놓고 싶어 그랬습니까? 세상은 달라지는데 불교는 조금도 달라지지 않으니 그런 말을 한 게죠." 하고 대꾸했다고 한다.

박한영은 《석전시초》, 《석림수필》, 《석림초》 등의 저서를 남겼다.

옥중에서 벌인 독립 운동

1911년, 만주를 방문했다가 겨우 살아서 돌아온 한용운은 몇 년에 걸쳐 책 쓰는 일에만 전념했다. 그 결과 《불교대전》, 《조선불교유신론》, 《정선강의 채근담》과 같은 책들이 나와 스님들과 일반 독자들의 주목을 받았다.

이중 《불교대전》은 수많은 불교 경전에 담긴 중요한 내용을 주제별로 정리한 책이며 《조선불교유신론》은 일본 불교의 영향을 받은 한국 불교를 개혁하려는 뜻에서 펴낸 책이다. 《채근담》은 중국 명나라 때의 학자인 홍자성이 남긴 어록을 묶은 책으로 유교, 도교, 불교 등 동양의 사상을 담고 있다. 한용운은 이 책의 내용 중 꼭 필요한 것들만 골라 한 권의 책으로 펴냈는데 그것이 《정선강의 채근담》이다.

한용운은 책을 쓰는 동안 틈틈이 여러 절을 다니며 후배 스님들을 지도했고 강연회를 열어 청중들을 감동시켰다. 범어사, 통

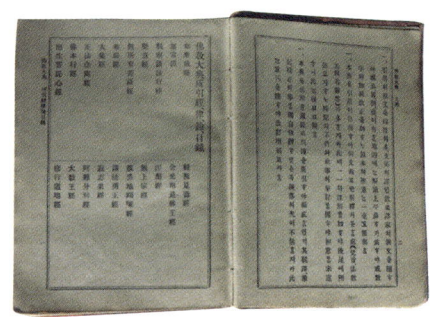

▲ 《불교대전》 고려대장경 속에 들어 있는 각 경전의 중요한 구절을 뽑아 엮은 '불교 성전'으로, 불교를 이해하는 중요한 지침서이다.

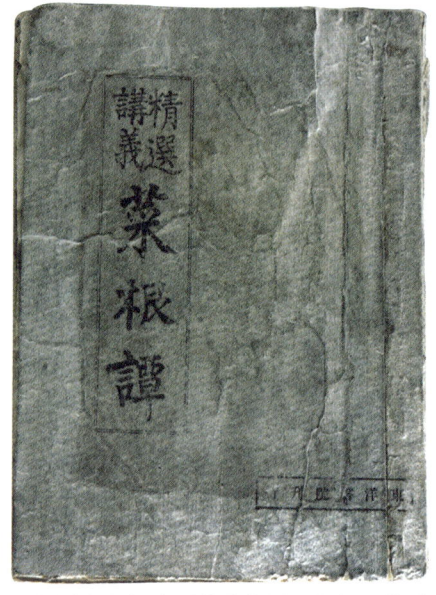

▲ 《정선강의 채근담》 한용운이 《채근담》의 중요한 내용을 뽑아 해설을 붙여 엮은 책이다.

도사, 송광사 등 남부 지역의 큰 절에서 승려 궐기 대회를 이끌었던 것도 한용운의 업적이었다. 이러한 궐기 대회는 을사조약 때부터 한국 불교를 물들여 왔던 일본식 불교와 친일파 스님들을 몰아내기 위해 열렸다.

일본 불교는 우리나라에서 오랫동안 지켜 왔던 수행 방법이나 전통과 크게 달랐다. 그중에서도 가장 눈에 띄는 것은 스님들의 결혼을 인정하는 점이었다. 그 결과 조선 총독부는 친일파 스님들을 해인사 등의 주지로 임명했을 뿐 아니라 스님들에게 결혼할 것을 강요했다. 그래서 한국 불교의 전통을 고집하는 스님들을 빼고는 많은 스님들이 결혼하여 부인과 아이들을 데리고 절에서 살았다.

한용운은 《조선불교유신론》에서 스님들의 결혼을 허락해야 한다고 했지만 그것이 일본 스님들을 흉내 내자는 뜻은 아니었다. 다만 새로운 시대에 맞춰 스님들의 생각과 생활 방식이 바뀌어야 하며 그런 방법 중 하나로 스님들도 결혼을 하는 게 좋겠다고 주장한 것이다. 오히려 그는 누구보다 일본식 불교가 한국 불교의 맑고 깨끗했던 전통을 망가뜨리는 것에 반대해 왔다.

불교강구회 총재(1913년), 조선불교회 회장(1914년), 조선선종중앙포교당 포교사(1915년) 등을 맡으면서 어느새 한국 불교를 앞장서서 이끌게 된 한용운은 1918년 9월에 월간 잡지 〈유심〉을 창간했다.

〈유심〉은 같은 해 12월, 제3호를 끝으로 폐간되었지만 최린, 최남선을 비롯해 박한영, 백용성, 권상로 등 여러 지식인과 스님들이 필자로 참여했다. 여느 불교 잡지와는 달리 문예 작품을 현상 공모한 것도 〈유심〉의 특징이었다. 한용운은 〈유심〉을 펴내면서부터 시와 수필, 소설 등의 글을 더욱 열심히 써 나갔다.

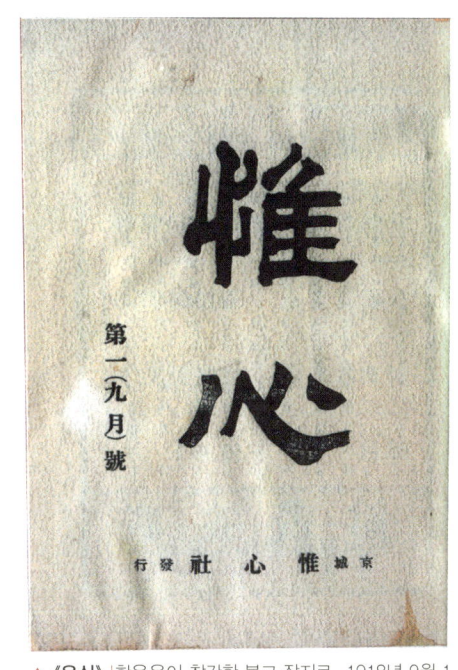

▲ 《유심》 | 한용운이 창간한 불교 잡지로, 1918년 9월 1일 창간되었고 그해 12월에 제3호를 끝으로 폐간되었다.

1918년 11월에 제1차 세계 대전이 연합국의 승리로 끝나자 한국처럼 식민지가 되었던 나라들은 저마다 들썩였다. 미국의 윌슨 대통령은 그 무렵에 민족자결주의 원칙을 발표했으며 그 소식은 한국에도 전해졌다.

이런 영향에 따라 만주와 연해주에서 활약하던 독립지사들이 무오 독립 선언을 발표한 데 이어 일본 도쿄에 있는 유학생들도 2·8 독립 선언서를 발표했다. 이처럼 해외 교포들이 차례대로 독립 선언을 발표하자 국내에서도 대규모 만세 운동을 벌이기로 했다.

이때 최린, 현상윤, 송진우, 최남선 등은 대한 제국 시기의 대신들을 찾아

가 만세 운동을 이끌어 달라고 부탁했다. 하지만 대신들은 저마다 갖가지 핑계를 대며 고개를 저을 뿐이었다.

"대신께서는 우리가 일제의 강제 지배를 받는 게 당연하다고 생각하시는 겁니까?"

"그런 건 아니지만 내가 사정이 있어 만세 운동을 이끌 수 없다네."

이렇게 되자 최린 등은 정치인이나 관리들에 비해 일제의 감시를 비교적 덜 받고 있던 종교 지도자들을 중심으로 민족 대표를 구성하기로 했다.

"제 몸이나 챙길 줄 아는 고관들은 거들떠보지 말고 우리 종교인들끼리 모여 준비합시다. 내가 만해 스님을 찾아가 보겠소."

천도교인이었던 최린이 말했다. 이때만 해도 최린은 뜨거운 의지로 독립 운동을 이끌었던 애국자였다. 하지만 1933년부터는 갑자기 친일파로 변절해 조선 총독부 중추원 참의를 맡는가 하면 창씨개명 때는 '가야마'로 성까지 바꾸었다. 최린은 광복 때까지 친일 활동을 하다가 한국 전쟁 때 북한으로 끌려가 그곳에서 죽었다.

한용운은 일본에 머물 때 천도교 신자인 최린과 가깝게 지낸 적이 있었다. 서로 종교는 다르지만 나라를 걱정하는 두 사람의 의지는 다르지 않았다. 3·1 운동이 시작되기 전, 한용운은 불교중앙학림(지금의 동국 대학교)에서 학생들을 가르치며 지냈다.

최린은 한용운에게 각 종교의 지도자들과 더불어 독립 선언 준비를 하겠다는 뜻을 밝혔다.

"대한 제국 때의 벼슬아치들은 이 운동을 탐탁지 않게 여깁니다. 그 대신 불교에서는 만해 스님, 천도교에선 의암 선생, 기독교에선 월남 선생을 각 종교의 대표로 모시고 민족 대표를 구성하려고 합니다."

"매우 반가운 소식이구려. 그렇다면 내가 기꺼이 나서겠소."

한용운은 크게 반겼다. 바야흐로 그가 오랫동안 마음에 담아 두었던 독립운동의 시기가 찾아왔던 것이다. 한용운은 탁 트인 하늘을 만난 봉황처럼 날개를 폈다.

"민족 대표니까 적어도 백 명은 넘어야겠죠?"

한용운이 물었다.

"그렇습니다만 의암 선생이나 월남 선생이 얼마나 도와주실지……."

의암 손병희와 월남 이상재는 각각 천도교와 기독교인들의 존경을 받던 종교지도자였다. 특히 이상재는 훌륭한 인격과 덕망을 가진 사회운동가로도 이름이 높았다.

한용운은 먼저 이상재를 찾아가 만세 운동에 함께 나설 것을 부탁했다.

"나도 그 일에 크게 찬성하오만 내가 민족 대표로 나설 만한 인물은 아닌 것 같소. 그냥 뒤에서 있는 힘껏 돕겠소."

이상재는 이렇게 거절하는 뜻을 밝혔다.

"하지만 월남 선생께서 이 일에 앞장서 주셔야 큰 힘을 모을 수 있습니다. 승낙해 주시기 바랍니다."

"스님, 미안하오."

한용운의 설득이 거듭되었지만 이상재는 좀처럼 뜻을 굽히지 않았다.

이때부터 한용운은 이상재를 다시는 만나지 않겠다고 다짐했다. 그런 결심은 1927년, 이상재가 세상을 떠날 때까지 이어져 그의 장례식에도 참석하지 않았다.

한용운과 최린은 이제 의암 손병희에게 모든 기대를 걸었다.

두 사람은 곧 손병희를 찾아갔다. 손병희는 이상재와 더불어 민족 대표로

▲ **손병희 초상화** |동학·천도교 지도자이자 독립운동가. 천도교를 민족 종교로 발전시켰다.

조금도 손색이 없는 인물이었다. 하지만 손병희는 한용운 일행이 찾아가 만세 운동을 벌이겠다는 계획을 밝힐 때만 해도 무척 조심스러워했다. 독립 선언서를 발표한다면 일제 경찰에 체포될 것이며 천도교의 운영과 조직도 크게 흔들릴 것이 분명했기 때문이다.

동학의 제3대 교주로 임명된 손병희는 동학이라는 이름을 천도교로 바꾼 데 이어 더욱 활발한 포교 활동을 펼치고 있었다. 따라서 천도교 발전에 나쁜 영향을 줄 수 있는 일에 조심스러워했던 것이다.

"그런데 월남 선생은 승낙을 했소?"

한참 고민하던 손병희가 이렇게 되물었다. 그러자 성미가 불같은 한용운이 버럭 소리를 질렀다.

"선생은 이상재의 뜻으로만 움직입니까? 어찌 되었든 우리는 독립 선언을 하기로 했습니다. 하지만 선생께서 이 일에 나서지 않는다면 내가 살아 있는 한 절대로 선생을 가만두지 않겠소."

한용운의 호소와 협박에 손병희는 마침내 마음을 움직였다.

"좋습니다. 불교와 기독교에서 나서는데 천도교가 가만히 지켜볼 수만은 없소. 지금부터 목숨을 걸고 이 나라를 되찾기로 합시다."

이렇게 되어 손병희는 민족 대표 33인 중에서도 대표가 되어 3·1 운동을 이끌어 나갔다.

　한용운과 최린 등은 이상재 대신 이승훈을 설득해 기독교 지도자들을 끌어들이기로 했다. 또한 곽종석을 유교의 대표로 정하고 경남 거창까지 찾아가 독립 선언에 서명할 것을 부탁했다. 곽종석은 유학자이며 독립운동가로 이름을 떨쳤다. 곽종석은 조선 말기에 중추원 의관, 참찬 등의 벼슬을 지냈다. 그 뒤 을사조약이 맺어지자 그 조약을 맺은 매국노들을 처형하라는 상소를 올린 애국자였다.

　"알겠소. 나도 기꺼이 그 일에 나서겠소. 집안일을 정리하고 며칠 안에 서울로 올라가 서명할 것이니 기다려 주시오."

　한용운이 거창으로 내려갔을 때 곽종석은 이렇게 말했다. 한시가 급했던 한용운은 그런 대답에 힘을 얻고 서울로 돌아갔다. 그런데 공교롭게도 곽종석은 갑자기 병이 들어 꼼짝할 수가 없었다. 곽종석은 아들에게 자신의 도장을 주어 서울로 올라가 대신 날인하라고 일렀다. 하지만 곽종석의 아들이 서울에 도착했을 때는 독립 선언서의 인쇄가 모두 끝난 뒤였다. 그 일로 유교 지도자들은 민족 대표의 명단에서 빠지고 말았다. 그럼에도 곽종석은 3·1 운동이 일어나자 전국의 유생들에게 모두 떨쳐 일어나라는 호소문을 보냈다.

　이처럼 3·1 운동을 이끌었던 한용운은 손병희 등과 함께 3년형을 선고받고 형기를 마친 뒤 1922년 3월에 석방되었다. 그 3년 동안 한용운은 독립지사의 지조를 꿋꿋이 지켰으며 '조선 독립의 서'와 같은 글로 옥중에서도 독립운동을 펼쳤다. 한용운의 기개 있는 행동에 수많은 사람들이 감동했으며 그럴수록 한용운이란 이름은 더욱 널리 알려졌다.

　민족 대표 33인 가운데에는 한용운처럼 지조와 절개를 지킨 인물이 있었

날인 | 문서에 도장을 찍는 일이다.

는가 하면 일제의 탄압이나 죽음이 두려워 변절한 사람들도 많았다. 박희도, 최린, 정춘수, 이갑성 등이 대표적이다. 또 민족 대표 48인(독립 선언서에 서명한 33인에 뒤에서 도움을 준 15인을 포함해 '민족 대표 48인'으로 부르기도 한다) 가운데 독립 선언서의 초안을 썼던 최남선, 민족 대표는 아니었지만 2·8 독립 운동을 이끌었던 이광수도 친일파로 변절했다.

한용운 등이 감옥에서 풀려난다는 소식을 듣고 많은 이가 마중을 나왔

다. 한용운은 그때에도 쓴소리를 퍼부었다.

"이 사람들아! 자네들은 이렇게 나를 마중 나오는 일만 하지 말고 남에게 마중을 받는 사람이 되어 보게!"

그 말을 들고 난 사람들은 머쓱해져서 고개를 숙여야만 했다.

감옥에서 풀려났을 때 한용운의 나이는 마흔넷에 접어들었다. 한용운은 전과 다름없이 곳곳에서 초청을 받아 강연을 했고 시와 소설을 썼으며 불교 활동을 펼쳐 나갔다.

1926년에는 대한 제국의 마지막 황제인 순종의 장례식을 계기로 6·10 만세 운동이 일어났다. 순종은 조선의 27대 왕이며 대한 제국의 2대 황제였다. 순종은 1907년, 억지로 왕위에 올랐지만 3년 뒤인 1910년 한일 병합이 되면서부터 황제가 아닌 '이왕'으로 불렸다. 이씨 성을 가진 조선의 왕이라는 뜻이었다.

순종은 1926년 4월 25일, 쉰두 살의 나이로 쓸쓸하게 세상을 떠났다. 이때 권오설, 이병립, 박용규 등 좌익과 우익 세력이 모두 힘을 합쳐 순종의 장례일인 6월 10일에 만세 운동을 펼치기로 했다. 고종 황제의 장례식을 계기로 3·1 운동이 일어났던 것처럼 다시 한 번 거대한 만세 운동이 일어날 조짐이 보이자 조선 총독부는 바짝 긴장했다.

일제는 순종의 장례식을 앞두고 부산과 인천항에 함대를 정박시켰으며 서울 시내에는 약 7000명의 일본군을 주둔시켜 만세 운동을 막으려고 했다. 그 일로 만세 운동 주도자들이 체포되어 3·1 운동 때처럼 대규모 만세 운동으로 번지지는 못했다.

이윽고 1926년 6월 10일, 순종의 장례 행렬이 돈화문을 떠나 종로 단성사 앞을 지날 때였다. 주변에 모였던 중고등학생 2만 4000여 명이 수만 장의 전단을 뿌리면서 '대한 독립 만세'를 외쳤다. 곧이어 대학생과 청년들도 만세 운동에 뛰어들었다. 그들이 동대문, 을지로, 종로, 청량리 등에서 구호를 외치자 일반인들도 만세를 불렀다.

이때 조선 총독부는 6·10 만세 운동에 앞장섰던 학생 1000여 명을 체포했다. 하지만 그런 탄압에 반발한 전국의 학생들이 동맹 휴학을 선언하고 수업을 거부했다. 이에 따라 여러 신문에서는 '3·1 운동 이후 제2차 만세 운동'이라며 6·10 만세 운동 소식을 자세히 전했다.

이처럼 3·1 운동의 정신을 이어받아 열렸던 6·10 만세 운동은 큰 성공을 거두지는 못했다. 하지만 민족주의자와 사회주의자가 서로 힘을 모아 나라의 독립을 위해 나섰다는 점에서 의미가 컸다.

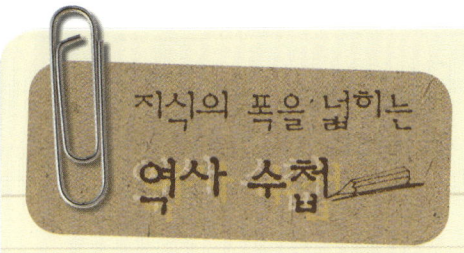

조건 없는 나라 사랑, 남강 이승훈

1864년 평안북도 정주에서 태어난 이승훈은 3·1 운동 때 민족 대표 중 기독교 대표로 참여했다. 이승훈은 이 밖에도 여러 차례 항일 투쟁을 벌여 세 번이나 감옥에 갇혔다.

이승훈은 1907년에 오산학교를 세우고 학생들에게 자주 독립 정신을 일깨워 주었다. 그래서 일제는 3·1 운동이 일어난 뒤에 평안도 정주에 세워졌던 오산학교가 독립운동의 본거지라며 건물을 불태워 버리기도 했다.

제4대 동아일보사 사장, 물산 장려 운동 등으로 민족 언론을 키우고 독립운동에 힘쓰던 이승훈은 1930년 5월에 예순일곱의 나이로 세상을 떠났다. 이때 이승훈은 "낙심하지 말고 겨레의 광복을 위하여 힘쓰라. 내 유해는 땅에 묻지 말고 생리학 표본을 만들어 학생들을 위해 쓰게 하라."는 유언을 남겼다. 하지만 그런 유언은 일제의 방해로 지켜지지 못했다.

이승훈은 평소에 "무조건 나라를 사랑하고 무조건 백성을 사랑하라."는 신념을 가지고 세상을 떠나는 날까지 꿋꿋이 자신의 신념을 실천하는 모범을 보였다. 이처럼 독립운동가이며 교육자로 한평생을 살았던 이승훈의 가르침을 받아 정주의 오산학교 학생들은 저마다 독립운동의 주역으로 성장해 주변에 많은 영향을 미쳤다.

▲ 1982년 오산학교 안에 세워진 이승훈 흉상

친일파의 문학과 저항 문학

　이 무렵 한용운은 그동안 틈틈이 썼던 작품들을 골라 시집 《님의 침묵》을 펴냈다. 《님의 침묵》은 서정시이면서 한용운의 저항 정신이 담긴 작품들로 이루어졌다. 그래서 한용운은 지금도 대표적인 '저항 시인'으로 일컬어지고 있다. 그 뒤 여러 작품을 발표한 이육사와 윤동주 등도 일제에 항거하며 우리나라의 독립을 내다본 저항 시인으로 손꼽히게 되었다.
　저항 문학이라는 말이 처음 생긴 것은 《님의 침묵》이 나오고 한참 뒤인 제2차 세계 대전 때였다. 그 무렵 독일의 침략을 받은 프랑스 인들 사이에서는 독일에 반대하는 '레지스탕스(저항) 운동'이 일어났다. 그리고 저항 정신을 주제로 삼는 문학 작품이 나오기 시작했는데 그것을 '레지스탕스 문학' 또는 '저항 문학'이라 불렀다.
　우리나라에서는 저항 문학이라는 말이 생기기도 전에 일제에 저항하는

서정시 | 시인의 생각이나 감정을 서정적이고 주관적으로 쓴 시이다.

작품들이 창작되었다. 그런데 한용운, 이육사, 윤동주 등이 이끌었던 저항 문학 활동에 비해 최남선과 이광수의 친일 행위는 아직도 지워지지 않는 얼룩처럼 남아 있다.

신문학의 선구자 중 한 사람으로 꼽히는 육당 최남선은 어려서 스스로 한글을 깨우친 뒤 열두 살 때는 글을 써서 〈황성신문〉에 보낼 정도로 재능이 많았다. 최남선은 열세 살 때인 1902년, 경성학당에 들어가 일본어를 배웠으며 1904

▲ 《님의 침묵》 | 한용운의 시집으로, 대표 시 〈님의 침묵〉 외에도 〈잠 없는 꿈〉, 〈당신을 보았습니다〉 등 90편의 시가 실려 있다.

년에는 일본 도쿄의 제일 중학교에 다니다 석 달 만에 귀국했다. 열일곱 살 되던 1906년에 다시 일본으로 건너간 최남선은 와세다 대학에서 지리와 역사를 배우면서 새로운 형식의 시와 시조를 발표하는 활동을 했다.

1907년, 도쿄의 일본 학생들이 고종 황제를 모독하는 행사를 열었다. 그러자 일본에서 공부하던 한국인 유학생 70여 명이 동맹 휴학을 했는데 이때 최남선도 학교를 그만두었다. 최남선은 아예 귀국하기로 다짐하고 직접 인쇄 기술을 익히고 인쇄기를 사들였다.

얼마 후 귀국한 최남선은 1908년 11월 1일, 종합 잡지인 〈소년〉을 펴냈다. 〈소년〉은 일제의 탄압을 여러 차례 받으면서도 우리나라의 근대 문화를 발전시키는 데 큰 구실을 한 잡지였다. 아직 스무 살도 안 되었던 최남선은 이때부터 신문학의 선구자로 이름을 떨치기 시작했다.

최남선은 1909년, 도산 안창호가 중심이 되어 만든 '청년학우회(흥사단)'

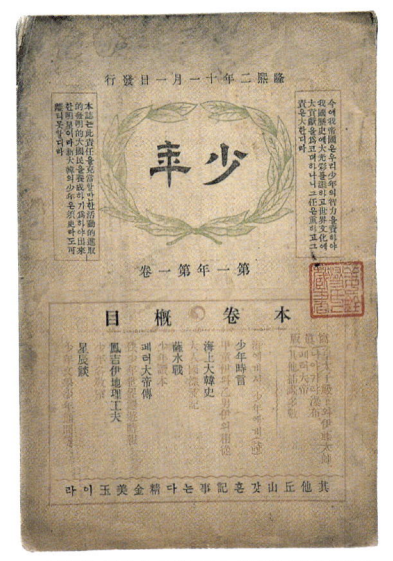

▲ 〈소년〉 창간호 | 최남선이 창간한 우리나라 최초의 종합 월간지로, 서양 문물을 소개하고 계몽 사상과 애국 사상을 높이는 데 큰 역할을 했다.

에서 총무를 맡기도 했다. 이때 최남선은 우리 민족이 실력을 쌓아 외적의 침입을 막자는 뜻으로 '청년학우회가'라는 노랫말을 지었다.

무실역행 등불 밝고 깃발 날리는 곳에
우리들의 나갈 길이 숫돌 같도다.
영화로운 우리 역사 복스러운 국토를
빛이 나게 할 양으로 힘을 합했네.

- 최남선의 '청년학우회가' 중에서

최남선은 1910년에 조선광문회를 이끌며 여러 편의 '6전 소설'을 펴냈다. 6전 소설이란 그 당시의 돈으로 6전 정도면 살 수 있는 문고본 고전 소설을 일컫는다.

최남선은 3·1 운동으로 징역 2년 6개월 형을 선고받았으나 1920년에 가석방되었다. 최남선이 친일파로 변절한 것은 이때부터로 알려진다. 왜냐하면 감옥에서 풀려난 그가 〈동명〉이란 잡지를 펴낼 때 조선 총독부 기관지 〈경성일보〉의 사장을 지낸 아베의 도움을 받았기 때문이다.

그 뒤 최남선은 잡지 발행과 함께 여러 신문에 논설을 썼으며 한국사 연구에도 많은 노력을 기울였다. 그러다가 1928년, 조선 총독부의 조선사편찬위원회에서 일하면서부터 완전히 친일파로 변절했다. 조선사편찬위원회는 한국의 역사를 조작하고 한국인의 사상과 문화를 뜯어고치기 위해 1911년에 만

조선광문회 | 우리 역사와 문화에 관심을 가진 지식인들이 만든 단체. 주로 고전 문학을 펴내는 일을 맡았다.
전 | 화폐의 단위. 100전을 1원으로 쳤다.

들어진 기관이다. 따라서 조선사편찬위원회에서 연구하고 펴내는 책들은 우리 역사를 일본인들 멋대로 조작한 식민 사관을 담고 있다. 그러니까 조선사편찬위원회에 몸담았던 한국인 학자들은 우리 민족의 역사와 사상을 갉아먹던 친일파라 할 수 있다.

최남선은 1936년까지 조선사편찬위원회에서 일한 뒤 1938년에는 조선 총독부 중추원 참의를 거쳐 1939년에는 일본 관동군이 만주에 세운 건국 대학 교수가 되었다. 그런가 하면 1943년부터는 한국인 학생들에게 학병에 지원해 일본을 위해 목숨을 바치라는 글을 쓰고 강연을 했던 인물이다.

최남선의 친일 활동이 알려지자 그와 가깝게 지내던 사람들조차 등을 돌렸다. 그보다 열한 살 위인 한용운은 3·1 운동 때만 해도 최남선의 재능과 선구적인 행동을 높이 평가했다. 그러나 최남선이 친일파가 되었다는 이야기를 듣자 마음속으로 절교할 것을 결심했다.

어느 날, 두 사람이 길에서 마주쳤다. 한용운은 최남선을 모르는 체하며 걸음을 서둘렀다.

"만해 스님, 안녕하십니까?"

최남선이 반가워하며 먼저 인사를 했다.

"누구시더라?"

"스님, 저 육당 최남선입니다. 벌써 얼굴을 잊으셨습니까?"

"육당이라니요? 난 그런 사람 모릅니다."

최남선은 어쩔 줄 몰라 하며 자기 이름을 다시 밝혔다.

"저 최남선입니다, 스님."

"이것 보시오. 내가 아는 최남선이란 사람은 벌써 죽어서 장사를 지낸 지 오래 되었소."

식민 사관 |일제가 한국을 침략해 식민 통치하는 것의 정당함을 주장하기 위해 조작한 역사관을 말한다.
중추원 참의 |일제 강점기의 중추원은 조선 총독부의 자문 기관을 말하며 참의는 중추원 내의 지위 중 하나이다.

한용운은 이렇게 쏘아붙이고는 뒤도 돌아보지 않고 가 버렸다.

이와 비슷한 일은 또 있었다. 언론인이며 역사학자인 정인보가 어느 날 최남선의 집으로 찾아갔다. 정인보는 최남선보다 두 살 아래였지만 같은 역사학자로서 친구처럼 가깝게 지내 왔다.

정인보는 최남선의 집 대문 앞에다 술을 따르고 갑자기 부모님이라도 돌아가신 듯 큰 소리로 통곡했다.

"에구, 이제 어쩔 거나! 우리 육당이 죽었으니 이제 어쩔 거나!"

멀쩡히 살아 있는 친구를 두고 죽었다며 통곡을 한 것은 한용운이 '장사를 지낸 지 오래 되었다'고 한 것과 똑같았다.

또 유학자이며 독립운동가였던 김창숙이 대한민국 임시 정부에 몸담았다가 일제 경찰에 체포되었을 때의 일이다. 조선 총독부는 김창숙에게 14년 형이라는 무거운 벌을 선고했다. 그 뒤 김창숙이 갇힌 대전형무소 소장이 《일선융화론》이란 책을 김창숙에게 주면서 말했다.

"이 책을 잘 읽고 감상문을 쓰시오."

《일선융화론》은 최남선이 지은 책으로 일본과 조선이 하나가 되어야 한다는 내용이었다. 김창숙은 제목을 보고는 책을 형무소장에게 집어던지면서 소리쳤다.

"이 더러운 책 치워라. 나는 반역자가 미친 소리로 짖어 대는 흉서를 읽고 싶지 않다. 독립 선언서의 초안을 마련했다는 자가 지금은 도리어 일본에 붙었으니 이런 자는 만 번 죽어도 그 죄가 남을 것이다."

만약 최남선이 친일파로 변절하지 않았더라면 근대 문화를 크게 발전시킨 인물로 추앙받았을 것이다. 최남선이 펼친 여러 가지 계몽 활동과 친일파가 되기 전까지 펼친 독립운동, 그리고 신문학과 신문화를 발전시킨 일에 대해서는 누구든지 고개를 끄덕인다. 하지만 최남선은 뜻을 굽혀 일제의 앞잡이가 되었다.

최남선과 함께 신문학의 선구자였던 이광수도 마찬가지 잘못을 저질렀다. 평안도 정주에서 태어난 춘원 이광수는 다섯 살 때 한글과 천자문을 깨우칠 정도로 영특한 아이였다. 여덟 살 때는《사략》,《대학》,《중용》등을 줄줄 읽었으며 한시 백일장에 나가 장원을 차지했다고 한다. 이광수는 열한 살 되던 해에 콜레라로 부모님을 잃고 고아가 되었으며 1903년에는 동학(훗날 천도교)에 들어갔다가 관가의 탄압을 피해 서울로 유학을 했다.

그 뒤 1905년에는 일진회의 장학생으로 뽑혀 일본 메이지 대학에서 공부했다. 일진회는 가장 대표적인 친일 단체로, 매국노이며 민족반역자인 송병준 등이 한국을 일본에 완전히 팔아넘기기 위해 만든 단체였다.

이광수는 메이지 대학을 다니면서 '소년회'라는 모임을 만들기도 했고 시와 평론을 쓰면서 문학적인 재능을 갈고 닦았다. 1910년, 메이지 대학을 졸업한 이광수는 귀국하여 한때 이승훈이 세운 오산학교에서 학생들을 가르쳤다. 그러다가 다시 일본으로 건너가 와세다 대학에서 철학을 공부했다.

1917년 1월 1일부터 〈매일신보〉에 연재되었던 장편 소설 〈무정〉은 이광수의 이름을 크게 떨치게 한 작품이었다. 〈무정〉은 우리나라 최초의 근대적 장편 소설로 손꼽힌다.

〈무정〉은 영어 교사인 이형식과 선형, 영채 사이의 사랑과 결혼관, 그 시대의 계몽사상 등을 다루고 있다. 이때만 해도 이광수는 최남선과 더불어 신문학과 근대 문학을 개척하던 선구자로 이름이 높았다. 이광수가 1919년 2월, 일본으로 건너가 2·8 독립 선언서의 초안을 썼던 것도 한국 유학생들에게 독립 운동을 일깨우기 위해서였다.

> 조선청년독립단은 우리 2000만 민족을 대표하여 정의와 자유의 승리를 얻은 세계 만국 앞에 독립이 이뤄진 것을 선언하노라. ……일본이 만약 우리 민족의 정당한 요구에 따르지 않는다면 우리 민족은 일본에 대하여 영원히 싸울 것임을 선언하노라.
>
> - 이광수의 '2·8 독립 선언서' 중에서

이 글에서 이광수는 그 당시 세계 정세를 정확히 알리고 일제가 한국을 침략한 일을 낱낱이 비판했다.

이광수가 젊을 때 썼던 작품들에도 이러한 저항 정신이 곳곳에 담겨 있다. 그가 열아홉 살에 썼던 〈어린 희생〉이란 작품에도 그런 내용이 드러난다. 이 소설은 러시아 군인에게 비참하게 죽은 아들과 손자의 원수를 갚는 한 노인의 이야기이다.

우리 사랑하는 아버지가 저놈의 손에 죽고 또 우리의 피를 나눈 모든 동포가 저놈들의 노예가 되어서 개와 돼지같이 학대를 받게 되었는데 우리는 땅도 없고 집도 없고 자유도 없고 권리도 없어 살고도 죽은 모양이야. 살아서 있을 데가 없고 죽어서 묻힐 데가 없으니 이에서 더한 불행이야 인류 중에 우리밖에 더 있겠나.

— 이광수의 소설 〈어린 희생〉 중에서

〈어린 희생〉의 줄거리를 생각하지 않고 이 대목만 살펴본다면 마치 일제에게 침략당한 한국인의 모습을 고스란히 표현한 것으로 여겨진다.

2·8 독립 선언서를 쓴 이광수는 급히 상하이로 탈출해 안창호를 만났다. 그리고 안창호를 도와 〈독립신문〉의 사장 겸 편집국장에 취임하여 많은 논설을 썼다. 나라 안에서 3·1 운동이 일어났다는 소식을 들은 것도 상하이에 머물 때였다.

상하이에서 독립운동을 펼치던 이광수는 1921년 4월에 혼자 귀국하려다 일본 경찰에 체포되었다. 그러나 곧 풀려났는데 이때부터 변절자라는 비난을 받기 시작했다.

1921년 11월, 이광수는 '민족개조론'이라는 글을 쓴 뒤 이듬해인 1922년 5월 이 글을 잡지 〈개벽〉에 실었다. '민족개조론'

▲ **이광수** | 독립운동가이며 신문학과 근대 문학의 선구자였으나 결국 친일파로 변절했다.

은 제목 그대로 우리 민족의 의식과 생활 습관을 일본인들처럼 새롭게 뜯어고쳐야 한다는 내용이다. 이 글이 발표되자 그 당시의 지식인들은 크게 들끓었다. 민족개조론은 먼저 도산 안창호가 주장한 적이 있었다. 두 사람은 똑같이 민족을 개조해야 한다고 주장했는데 그 내용은 크게 달랐다.

안창호는 우리 민족이 본래 훌륭한 전통과 저력을 가졌지만 주위 환경을 따라가지 못해 일제의 지배를 받게 되었으므로 실력을 길러야 한다고 했다. 이에 비해 이광수는 우리 민족이 열등하고 능력이 모자란 까닭에 지배를 받게 된 것이라고 주장했다.

이광수의 '민족개조론'을 찬성하는 지식인들은 이광수가 안창호의 논리에 감동하고 그 영향을 받아 쓴 글이므로 국민 모두가 읽어야 한다고 말했다. 하지만 반대 의견도 만만치 않았다.

"이광수는 먹물을 뿜어 남의 눈을 피하는 문어와 같은 자이다. 그는 빈약한 이론을 감추기 위해 온갖 화려한 문장과 이런 저런 역사책에서 제 입맛에 맞는 글귀를 끌어다가 민족개조론을 꿰맞췄다."

이처럼 뜨거운 논쟁을 일으킨 이광수의 '민족개조론'은 아직까지도 학자들 사이의 견해가 엇갈리고 있다.

이광수는 '민족개조론'으로 논쟁을 일으킨 뒤에도 독립운동 단체인 '수양동맹회'를 만들어 활동을 펼쳐 나갔다. 안창호의 흥사단을 나라 안에서 뒷받침하는 구실을 맡은 이 단체는 1926년에는 같은 목적을 가진 '동우구락부'와 합쳐 '수양동우회'로 발전했다. 훗날 이광수는 이 수양동우회 사건으로 옥에 갇힌 일도 있었다.

1924년 1월, 이광수는 〈동아일보〉의 논설위원으로 있으면서 '민족적 경륜'이란 사설을 실었다. 이 사설은 일제의 허락을 받아 자치 운동을 벌일 것과 일본을 무조건 배척하지 말고 계몽 활동으로 민족의 힘을 키우는 일이 중요하다는 내용을 담고 있었다. 그러자 지식인들은 다시 들끓었으며 독자들 대부분은 이광수와 〈동아일보〉를 무섭게 비판했다.

그 일로 이광수는 신문사를 그만두고 작품 활동에만 매달렸다. 그 결과로 〈허생전〉, 〈마의태자〉, 〈단종애사〉, 〈혁명가의 아내〉, 〈이순신〉, 〈흙〉 등의 소설들이 1924년부터 1932년 사이에 〈동아일보〉에 연재되었다.

이광수는 한국의 신문학과 근대 문학의 선구자로 활약했다. 또한 당시의 현실을 사실적으로 그린 훌륭한 소설가였다. 그가 평생 동안 썼던 소설과 논설, 수필 등은 200자 원고지로 약 8만 장에 이를 정도라고 한다.

이광수는 1939년 11월, 조선 총독부의 창씨개명 정책에 따라 성과 이름을 일본식으로 뜯어고쳤다. 새로 고쳐진 이광수의 이름은 '가야마 미쓰로(香山光朗)'였다. 이광수는 이 일에 대해 다음과 같은 변명을 늘어놓았다.

> ……나는 깊이깊이 내 자손과 조선 민족의 장래를 생각한 끝에 창씨개명을 하는 것이 당연하다는 굳은 신념을 갖게 되었다. 나는 천황의 신민이다. 내 자손도 천황의 신민으로 살 것이다. ……나는 지금도 이런 신념을 갖는다. 즉, 조선인은 조선인에 대한 모든 것을 잊어야 한다고. 피와 살과 뼈까지 일본인이 되어야 한다고. 이 속에 진정으로 조선인의 영생을 위한 유일한 길이 있다고…….

이 글은 이광수가 1940년 〈매일신보〉에 실었던 내용 중 한 대목이다. 이 글로 이광수는 완전한 친일파로 낙인찍혔다.

이광수는 불교를 공부하거나 불교적인 내용의 소설을 쓸 때 곧잘 한용운

을 찾아가 도움말을 듣고는 했다. 한용운은 열세 살 아래인 이광수의 재능을 귀하게 여겨 문학에 대해 자주 토론을 벌였다. 하지만 이광수가 창씨개명을 했다는 소식을 듣고는 두 번 다시 그를 만나지 않겠노라 다짐했다.

하루는 이광수가 한용운의 집인 심우장으로 찾아갔다. 뜰로 들어서는 이광수가 눈에 띄자 한용운은 벼락이 치듯 소리를 질렀다. 이광수가 미처 인사를 하기도 전이었다.

"네 이놈! 꼴도 보기 싫다. 다시는 내 앞에 얼씬거리지 마라."

이광수는 변명할 틈도 없이 얼굴을 붉히며 돌아서야 했다.

광복 후 이광수는 최남선과 마찬가지로 반민족행위특별조사위원회의 재판을 받고 감옥에 갇혔다. 그 뒤 병보석으로 풀려났다가 한국 전쟁 때 북한으로 끌려가 그곳에서 세상을 떠났다.

이처럼 최남선, 이광수 등이 친일파로 변절한 것에 비해 한용운, 이육사, 윤동주 등은 한국이 언젠가는 독립할 것이라는 희망을 노래했다. 그들은 꿋꿋이 일제의 탄압에 맞서며 독립운동의 의지를 꺾지 않았고 아름다운 시와 산문으로 독자들에게 꿈을 주었다.

이들 가운데 감옥살이를 가장 많이 했던 사람은 〈청포도〉의 시인 이육사였다. 1904년 경북 안동에서 퇴계 이황의 먼 후손으로 태어난 이육사는 독립운동을 찬양하고 일제의 만행을 꾸짖는 글들을 써서 자그마치 열일곱 번이나 감옥에 갇혔다.

이육사는 다섯 살 때부터 할아버지에게 한학을 배우며 자랐다. 그의 고향 안동은 문화의 고장일 뿐 아니라 독립지사들이 많이 태어난 곳이었다. 이육사는 그런 환경 속에서 자연스럽게 항일 정신을 익혀 나가며 청년이 되었다. 호적에 기록된 이육사의 본명은 '원록'이었으나 어려서는 '원삼'이라는 이름으로 불렸다. 또 1926년 중국에서 대학을 다닐 때는 '이활'이라는 이름을 쓰기도 했다.

이육사라는 이름은 1930년부터 쓰기 시작했는데, 그가 대구

▲ **이육사** | 시인, 독립운동가. 상징적이면서도 웅장하고 막힘없는 시풍으로 일제 강점기 민족의 비극과 의지를 노래했다.

형무소에서 1년 7개월 동안 감옥살이를 할 때의 수인 번호 '264'번에서 비롯되었다는 말도 전해진다. 처음에는 일제 강점기의 부끄러운 역사를 찢어 없앤다는 뜻으로 죽일 육(戮) 자에, 역사 사(史) 자를 썼다. 하지만 집안 어른이 "그런 이름을 쓴다면 일제가 가만두지 않을 것이니 같은 뜻이면서도 좀 더 부드러운 '육사(陸史)'라는 이름을 쓰는 게 좋겠다."고 권해 그 뜻을 따랐다. 여기서 육(陸) 자는 한국과 일본에서는 '높고 평평한 산의 꼭대기'라는 뜻으로 쓰이지만 중국에서는 육(戮) 자와 같은 뜻으로도 쓰인다고 한다.

어려서 한학을 공부했던 육사는 열여섯 살 때 그의 집안에서 세운 '도산보통공립학교'를 졸업했다. 1920년, 이육사의 가족들은 모두 대구로 이사를 했다. 이때 서병오라는 서예가로부터 그림을 배웠던 이육사는 시집을 펴내기 위해 손수 시집의 제목을 쓰고 그림까지 그렸다.

이육사는 1924년 4월부터 일본 도쿄에서 약 9개월 정도 유학하고 귀국한 뒤, 중국 광저우에 있는 쭝산(중산)대학에서 의학을 공부하기도 했다. 1927년 가을, 고국으로 돌아온 이육사가 대구에 머물 때 큰일이 생겼다. 그해 10월 18일, 조선은행 대구 지점에서 폭탄이 터진 것이다. 이 사건은 장진홍이라는 사람이 일으켜서 훗날 '장진홍 의거'로 불리는데 일본 경찰은 엉뚱하게 이육사 등 4형제를 체포해 1년 6개월이 넘도록 감옥에 가뒀다.

나중에 장진홍이 일본 오사카에서 붙잡혔는데도 이육사 형제들은 재판조차 받지 못한 채 감옥에 갇혔다가 1929년에야 풀려났다. 장진홍은 1930년에 사형 선고를 받았으나 일제에게 죽음을 당하느니 스스로 목숨을 끊겠다며 같은 해 7월 31일 순국했다.

감옥에서 풀려난 이육사는 〈중외일보〉 기자 생활을 하기도 했고 시를 비롯해 많은 글을 발표하면서 차츰 이름을 알렸다. 그러는 가운데서도 독립운

수인 번호 죄수를 서로 구분하기 위해 본래의 이름 대신 정해 준 번호를 말한다.

동을 펼치다가 여러 차례 감옥에 갇혔다.

이육사는 1932년 10월부터 반년 동안 중국에 있던 '조선혁명 군사정치 간부학교'를 다녔다. 이때 정치학을 비롯해 경제학과 사회학, 철학을 배웠고 그 밖에 장교가 익혀야 할 수십 가지 군사 업무들을 익혔다.

이육사가 대표작 중 하나인 〈청포도〉를 발표한 것은 1939년으로, 그의 나이 서른다섯 살 때였다.

내 고장 칠월은
청포도가 익어 가는 시절

이 마을 전설이 주저리 주저리 열리고
먼 데 하늘이 꿈꾸며 알알이 들어와 박혀……

― 이육사의 시 〈청포도〉 중에서

이렇게 시작되는 〈청포도〉는 일제 강점기의 어두운 현실 속에서도 조국의 광복을 꿈꾸는 시인의 염원을 담고 있다. 이육사의 저항 정신을 가장 잘 드러내는 시로는 〈광야〉를 꼽을 수 있다.

까마득한 날에
하늘이 처음 열리고
어데 닭 우는 소리 들렸으랴

모든 산맥들이
바다를 연모해 휘달릴 때도
차마 이곳을 범하지는 못하였으리라

끊임없는 광음을
부지런한 계절이 피어선 지고
큰 강물이 비로소 길을 열었다

지금 눈 내리고
매화 향기 홀로 아득하니
내 여기 가난한 노래의 씨를 뿌려라

다시 천고의 뒤에
백마 타고 오는 초인이 있어
이 광야에서 목놓아 부르게 하라

-이육사의 시 〈광야〉

〈광야〉는 이육사가 세상을 떠나고 2년이 지난 1946년에 빛을 본 《육사시집》에 처음으로 실렸다. 따라서 이육사가 언제 이 시를 썼는지는 자세히 알 수 없다. 〈청포도〉와 비교하여 이 시는 훨씬 남성적이며 미래에 대한 꿈과 의지가 넘친다.

이 시에서처럼 까마득한 날부터 역사를 일궈 왔던 우리 민족에게 '지금은 눈이 내리고' 있다. 하지만 영원한 겨울이란 없기에 시인은 '매화 향기' 즉, 광복의 봄을 기다리며 가난한 노래의 씨를 뿌린다고 했다. 이처럼 〈광야〉는 대표적인 저항시이면서도 문학성이 뛰어난 명작이다.

중국에서 독립운동을 벌이던 이육사는 돌아가신 어머니와 큰형의 제사를 모시기 위해 1943년에 귀국했다가 일제 헌병에게 체포되었다.

▲ 《육사시집》 | 이육사의 유고 시집. 1946년에 신석초 등 글벗들이 이육사의 시 20여 편을 모아 펴냈다.

"네가 무기를 몰래 들여올 것이라는 정보를 입수했다."

"그것은 터무니없는 조작이다. 나는 어머니와 형님의 제사 때문에 왔을 뿐이다."

하지만 이육사의 항변에도 아랑곳없이 조선 총독부는 그를 감옥에 가두었다. 이것으로 이육사는 열일곱 번째이며 마지막 감옥살이를 시작하게 된다. 동대문 경찰서에 갇혔던 이육사에게 부인이 면회를 갔다. 그때 이육사의 부인은 세 살짜리 딸 옥비를 업고 있었다. 이육사는 옥비의 손을 꼭 쥐고는 이렇게 말했다.

"아빠, 갔다 오마!"

그 뒤 베이징에 있던 일본총영사관 감옥으로 옮겨진 이육사는 끝내 돌아오지 못했다. 1944년 1월 16일, 이육사는 감옥에서 세상을 떠났다.

이육사가 〈광야〉와 같은 저항시를 통해 예언한 것처럼 일제는 마침내 패망하여 한반도를 떠나야 했다. 하지만 이육사는 꿈에도 그리던 광복의 기쁨을 누리지 못한 채 마흔한 살의 나이로 세상을 떠났다. 짧지만 아름다운 삶이었다.

윤동주는 이육사와 함께 일제 강점기의 대표적인 저항 시인으로 꼽힌다. 윤동주는 1917년, 북간도 명동촌에서 태어났다. 윤동주는 교회 장로였던 할아버지의 사랑을 독차지하며 어린 시절을 보냈다. 명동촌은 윤동주의 외삼촌인 김약연이 개척한 마을로 간도 중에서도 교육과 종교 활동 그리고 독립운동이 매우 활발하던 곳이었다.

▲ 윤동주 | 이육사와 함께 일제 강점기의 대표적인 저항 시인으로 꼽힌다.

윤동주는 아홉 살 때 외삼촌이 세운 명동소학교에 입학해 고종사촌 송몽규와 함께 그 학교를 졸업했다. 열여섯 살 되던 1932년에는 캐나다의 선교사가 세운 은진중학교에 입학해 축구 선수로 활약하기도 했고 문학 활동에도 열심이었다. 이때 여러 작품을 학교 문예지에 발표했다.

윤동주가 평양 숭실중학교로 옮긴 것은 열아홉 살 되던 1935년이었다. 이 시기에도 윤동주는 〈남쪽 하늘〉, 〈창공〉 등 여러 편의 시를 쓰며 꿈을 키워 나갔다. 1936년 숭실중학교는 일제가 강요했던 '신사 참배'를 거부했다는 이유로 강제 폐교되었다. 윤동주는 룽징(용정)으로 돌아가 광명학원 중학부 4학년에 편입했다. 이 무렵 윤동주는 간도 지역에서 발행되던 〈카톨릭 소년〉

이라는 잡지에 동시인 〈병아리〉, 〈빗자루〉 등을 발표했다.

1938년, 윤동주는 송몽규와 함께 연희전문학교(지금의 연세 대학교)에 입학했다. 윤동주는 이 학교에 들어가기 전 아버지로부터 의사가 될 것을 권유받았다. 하지만 문학에 뜻을 두었던 윤동주는 할아버지의 응원을 받아 문과에 입학해 문학을 공부할 수 있었다. 중학교 때부터 시를 써 왔던 윤동주는 연희전문학교에 다닐 때 비로소 자신의 시 세계를 깊이 다져 나갔다.

윤동주는 연희전문학교를 졸업할 무렵, 그동안 틈틈이 썼던 시 중 19편을 모아 '하늘과 바람과 별과 시'라는 제목으로 시집을 펴내려고 했다. 하지만 일제의 탄압과 어려운 집안 형편으로 그 뜻을 이루지 못했다. 대신 손으로 쓴 시집을 세 권 만들어 이양하 교수와 후배였던 정병욱에게 한 권씩 기념으로 주었다.

1942년, 윤동주는 일본으로 건너가 도쿄의 릿쿄 대학 영문과에 입학했고 그해 가을에는 교토의 도시샤 대학 영문과로 옮겼다. 이듬해 7월, 방학을 맞아 귀국하려던 윤동주는 송몽규와 함께 독립운동을 했다는 죄목으로 교토 키모가와 경찰서에 체포되었다. 그 뒤 송몽규는 징역 2년 6개월, 윤동주는 2년 형을 선고받고 큐슈에 있던 후쿠오카 형무소에 갇혔다.

1945년 2월 16일, 윤동주는 광복을 6개월 앞두고 후쿠오카 형무소에서 세상을 떠났다. 고종사촌이며 어린 시절부터 단짝 친구로 지냈던 송몽규도 23일 뒤인 3월 10일에 목숨을 잃었다. 그들의 나이 스물여덟 살 때였다.

두 사람의 건강이 좋지 않았다고 해도 한창 젊은 나이에 감옥에서 갑자기 죽었다는 것은 쉽게 이해할 수 없는 일이다. 윤동주가 감옥에서 사망했다는 전보를 받은 윤동주의 아버지와 당숙이 후쿠오카 감옥에 갔을 때였다. 이때 송몽규는 뼈만 앙상하게 남은 채 겨우 목숨을 이어 나가고 있었다.

송몽규가 말했다.

"우린 이름도 모르는 주사를 강제로 맞아 왔습니다. 그 주사 때문에 동주가 죽은 게 분명하며 저도 이처럼 야윈 것입니다."

이 말이 사실이라면 일제는 두 사람에게 심한 고문을 했거나 이상한 약물로 생체 실험을 했다는 뜻이 된다. 일제는 실제로 1932년부터 세균전과 독가스전을 준비했고 1936년에는 하얼빈에 '관동군 방역 급수 부대'라는 세균 부대를 세웠다. 이 부대는 1941년부터 '만주 731부대'로 악명을 떨쳤다.

두 사람이 의문의 죽음을 당한 지 3년만인 1948년, 윤동주의 연희전문학

▲ **윤동주 시비** |1968년 11월, 연세 대학교 학생회, 문단, 친지 등이 모금한 성금으로 연희전문학교 시절 윤동주가 지내던 기숙사 앞에 '윤동주 시비'를 건립하였다.

교 동창들과 동생인 윤일주가 뜻을 모아 시집 《하늘과 바람과 별과 시》를 펴냈다.

윤동주는 온순했으며 내성적인 성격이었다고 한다. 하지만 한번 마음먹은 일에 대해서는 절대 뜻을 굽히지 않았다. 윤동주가 일제의 탄압에 맞서 아름다우면서도 저항 정신이 강한 시들을 썼던 것도 그런 성격 때문이었다.

〈서시〉, 〈별 헤는 밤〉, 〈참회록〉 등은 그가 남긴 시들 중에서도 대표작으로 꼽힌다.

죽는 날까지 하늘을 우러러
한 점 부끄럼이 없기를
잎새에 이는 바람에도
나는 괴로워했다
별을 노래하는 마음으로
모든 죽어가는 것을 사랑해야지
그리고 나한테 주어진 길을
걸어가야겠다

오늘밤에도 별이 바람에 스치운다.

- 윤동주의 시 〈서시〉

이 시에서처럼 윤동주는 '죽는 날까지 한 점 부끄러움 없는 삶'을 살고자 애썼다. 또한 '모든 죽어가는 것', 다시 말해 일제의 탄압으로 암흑에 잠긴 조국을 사랑했다.

　윤동주는 정지용, 백석 등과 더불어 우리말의 아름다움을 시로 표현한 시인으로도 높이 평가받고 있다. 오늘날에도 윤동주의 삶을 기리기 위해 연세 대학교와 간도의 룽징 중학교, 그리고 일본 도시샤 대학교에는 윤동주 시비가 세워져 있다.

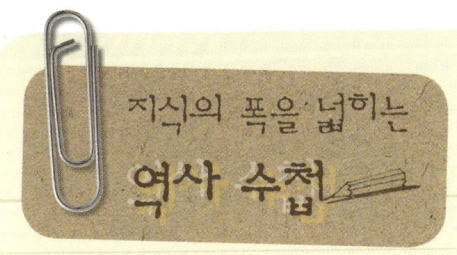

731부대와 마루타

제1차 세계 대전이 끝나고 7년이 지난 1925년, 세계 여러 나라 대표들은 질식 작용제, 독성 가스, 세균 등을 전쟁에 이용하지 못하도록 하는 '제네바 의정서'를 발표했다. 서양에서 화학 무기나 세균 등을 전쟁에 쓰지 못하게 한 것은 17세기로 거슬러 올라간다. 그러한 무기는 애꿎은 민간인들에게까지 매우 심각한 피해를 주기 때문이다. 하지만 일제는

▲ 하얼빈 731부대 유적지

제네바 의정서에 아랑곳없이 살아 있는 사람들을 실험용으로 쓰는 끔찍한 짓을 저질렀다. 그 대표적인 예가 하얼빈 핑팡 지역에 있던 '731부대'였다.

일제는 1932년부터 세균전을 준비했고 1936년에는 '관동군 방역 급수 부대'라는 이름으로 위장된 세균 부대를 세웠다. 731부대는 1941년부터 흑사병, 장티푸스, 콜레라 등의 원인이 되는 수십 가지의 세균을 살아 있는 사람들에게 투여해 실험했다. 그뿐 아니라 살아 있는 사람을 그대로 해부하는가 하면 사람의 피와 말의 피를 서로 바꾸는 등 인간이 상상할 수 없는 온갖 만행을 일삼았다.

731부대가 실험 대상으로 삼은 사람들은 대부분 한국인, 중국인, 러시아인, 몽골인으로 항일 운동을 했거나 전쟁 포로로 잡힌 사람들이었으며, 실험 대상이 된 사람들을 '마루타'라고 불렀다. 일제가 패망할 때까지 731부대로 끌려가 마루타가 되어 목숨을 잃은 사람은 3000명이 넘는다고 한다. 일제는 이런 생체 실험을 거쳐 중일 전쟁 때 화학 무기를 2000번이 넘게 사용해 수만 명을 죽거나 다치게 했다.

1945년 8월, 연합군에게 항복한 일제는 731부대를 철수하면서 증거를 없애기 위해 남아 있던 마루타 150여 명을 죽이는가 하면 건물을 불태우고 중요한 자료들을 일본으로 가져갔다. 그때 세균에 감염된 쥐와 가축들이 뿔뿔이 도망쳐 하얼빈 교외에서는 5년이 넘도록 흑사병이 유행했다.

(빼앗긴 들에서 꽃핀 문화 운동)

    1930년대 초, 〈동아일보〉와 〈조선일보〉를 중심으로 한글 보급 운동이 활발하게 일어났다. 〈동아일보〉는 1931년 7월 25일부터 8월 30일까지 제1회 한글 강습회를 열었다. 남쪽으로는 여수, 순천에서부터 북쪽으로는 함경도 회령, 평안도 정주, 중국 지린성 룽징(용정)에 이르기까지 수십 군데서 한꺼번에 한글 강습회가 열린 것이다. 강의는 이병기, 권덕규, 최현배 등 '조선어학회' 회원들이 맡았다. 그들은 한글의 과학적인 원리를 설명해 주고 새로 만든 철자법과 문법을 일깨워 주는 데 힘썼다.

    이 강습회는 1932년에 더욱 성황을 이루었다. 하지만 조선 총독부의 압력에 따라 1933년에는 많은 지역에서 한글 강습회가 금지되었고, 1934년에는 아예 강습회가 열리지 못했다. 일제가 한글운동을 독립운동의 한 방법으로 여겼기 때문이다.

하지만 2~3년 사이에 일어난 한글 보급 운동에 따라 여러 신문, 잡지와 교회 등에서는 한글을 더욱 많이 쓰게 되었다. 1933년 10월 29일, 조선어학회는 한글 반포 487주년을 맞아 '한글 맞춤법 통일안'을 발표했다. 오늘날 한글 맞춤법의 밑거름이 된 이 '한글 맞춤법 통일안'은 선구적 한글학자인 주시경의 연구와 노력에서 비롯되었다. 주시경이 세상을 떠난 뒤에는 그의 제자와 후배 학자들이 꾸준하게 한글을 발전시켰는데 그 결과 조선어학회 회원을 비롯한 한글학자 20여 명이 2년 동안 200번이 넘는 회의를 열고 검토해 한글 맞춤법 통일안을 발표한 것이다.

이 한글 맞춤법 통일안에 대해 〈동아일보〉 등은 크게 반겼으며, 여러 신문사에서 새로운 맞춤법을 쓰기로 선언했다. 그리고 그해의 한글날 행사에는 언론사뿐 아니라 교육계 등 각계각층을 대표하는 사람들과 세브란스 의학 전문학교의 에비슨 교장을 비롯한 외국인들까지 참석해 축하를 전했다.

그 뒤 '조선음성학회', '조선어사전편찬회' 등을 중심으로 한글 운동은 더욱 활발하게 펼쳐졌다. 하지만 일제는 처음부터 한글운동을 눈엣가시처럼 여기다가 1938년부터는 학교에서 한글을 가르치는 것을 아예 금지시켰다. 이

▲ **주시경** | 한글학자. 우리말과 글에 과학적인 체계를 세웠으며 한글의 대중화와 근대화에 개척자 역할을 했다.

일로 주춤해졌던 한글운동은 1942년에 일어난 '조선어학회 사건'으로 더욱 큰 위기를 맞았다.

이 시기에는 한글운동과 함께 한국의 역사와 언어, 문학 등을 연구하려고 만들어진 '진단학회'의 활동도 활발했다. 진단학회는 1934년 5월, 고유섭 등 그 무렵에 손꼽히던 젊은 학자 수십 명이 뜻을 모아 만든 것으로 한국학을 연구하던 학술 단체였다.

그 즈음의 한국학은 한국인들보다 일본 학자들이 더욱 열심히 연구하고 있었다. 이런 때 활동을 시작한 진단학회는 〈진단학보〉 등을 꾸준히 펴내며 관심을 끌었다. 하지만 진단학회는 일제의 탄압이 심해지면서 1942년 스스로 해체했다가 광복을 맞아 다시 활동을 시작했다. 진단학회는 1959년부터 1970년까지 모두 7권에 이르는 《한국사》를 펴내기도 했다.

한편 민족주의를 내세운 정인보, 안재홍, 문일평 등의 사학자들은 다산 정약용이 세상을 떠난 지 99주년 되는 해를 맞아 《여유당전서》를 펴냈다. 1936년에 선보인 이 전집은 다산이 펴냈던 책을 한데 묶었다는 점에서 그 의미가 컸다. 정인보 등은 다산의 실학사상을 통해 우리 민족 문화를 지키고 발전시켜 나갔다.

언론인과 학자들의 활동 못지않게 문인을 비롯해 연극, 영화, 음악, 미술 등의 예술가들도 문화 예술 발전에 힘썼다.

문학의 경우 3·1 운동이 일어난 뒤 순수 문학가들과 참여 문학가들 사이에 많은 논쟁이 벌어지면서 발전했다. 김동인, 전영택, 주요한 등 순수 문학가들은 사람들의 삶과 사회의 모습을 사실대로 그려 나가는 데 힘썼다. 특히 김동인은 〈태형〉, 〈배회〉, 〈붉은 산〉 등 일제에 저항하는 작품을 발표해 여러 차례 감옥에 갇혔다. 김동인은 30년 동안 썼던 작품 중 3분의 1을 일제에

게 빼앗길 정도로 저항 정신이 강했다. 김동인의 작품은 순수 문학으로 분류되지만 한민족의 독립을 꿈꾸거나 일제에 저항하는 내용이 많았다.

"선생님."
"왜?"
"보고 싶어요. 전 보고 싶……."
"뭐이."
그는 입을 움직였다. 그러나 말이 안 나왔다. 기운이 모자라는 모양이었다. 잠시 뒤에 그는 또다시 입을 움직였다. 무슨 소리가 그의 입에서 나왔다.
"무얼?"

"보고 싶어요. 붉은 산이, 그리고 흰 옷이!"

- 김동인의 소설 〈붉은 산〉 중에서

여기서 붉은 산은 우리 조국을, 흰 옷은 백의민족을 상징한다.

싸움 잘하고 사납기로 이름 난 한국인 '삵'은 동포인 '송 첨지'가 중국인 지주에게 심하게 얻어맞자 복수를 하려고 나섰다. 하지만 오히려 중국인 지주에게 죽을 만큼 맞고는 의사에게 고국의 산과 동포를 보고 싶다는 유언을 남긴 것이다. 김동인은 이 작품에서 나라를 잃고 중국을 떠돌면서 학대받는 우리 민족의 현실을 그렸다. 이러한 저항 정신은 주요한의 작품에서도 잘 드러난다.

이 무렵에는 김억, 오상순, 염상섭, 이상화, 현진건, 박종화 등도 민족의 울분과 어두웠던 시대의 풍경을 사실적으로 그렸다. 이상화의 시 〈빼앗긴 들에도 봄은 오는가〉를 그 예로 들 수 있다.

지금은 남의 땅 - 빼앗긴 들에도 봄은 오는가

나는 온몸에 햇살을 받고

푸른 하늘 푸른 들이 맞붙은 곳으로,

가리마 같은 논길을 따라 꿈속을 가듯 걸어만 간다

입술을 다문 하늘아 들아

내가 끌었느냐 누가 부르더냐

대답해라 말을 해다오……

— 이상화의 시 〈빼앗긴 들에도 봄은 오는가〉 중에서

한편 순수 문학과는 달리 문학을 통해 현실에 뛰어드는 길을 찾아야 한다는 참여 문학가들은 문학이 가난하고 비참하게 사는 사람들의 편에 서야 한다고 주장했다. 국숫집 머슴이나 두부 장수, 막노동꾼으로 일한 경험이 있던 최서해가 가장 손꼽히는 참여 문학 작가였다.

박영희, 김기진, 최서해, 이기영 등의 참여 문학가들은 사회주의의 영향을 받아 한민족을 일제로부터 해방시키며 계급을 없애 평등한 사회를 만들어야 한다고 주장했다.

> ……싸우라! 싸우는 사람에게 승리가 있다. 그렇지 않으면 실패가 있다. 인간의 권세여! 사람마다 있을지어다! 노예를 면하려는 싸움이여! 땅 위에서 거룩할지어다.
>
> - 박영희의 소설 〈전투〉 중에서

이 글에서 보듯 참여 문학가들은 거칠면서도 작품의 주제를 강렬하게 드러내는 문장을 주로 썼다. 따라서 참여 문학가들은 순수 문학가들보다 훨씬 심한 탄압을 받았고 결국 수많은 작가들이 구속되면서 활동이 주춤해졌다. 그 무렵 박영희는 "얻은 것은 이데올로기요, 잃은 것은 예술이었다."는 유명한 말을 남겼다.

한편 이 무렵의 소설은 그 내용에 따라 크게 역사 소설과 대중 소설, 순수 소설로 나뉘었다. 역사 소설로는 이광수의 〈단종애사〉, 김동인의 〈젊은 그들〉, 현진건의 〈무영탑〉, 박종화의 〈금삼의 피〉 등을 예로 들 수 있다. 이 작품들은 매일 신문에 연재되어 많은 독자의 사랑을 받았다.

대중 소설로는 심훈의 〈상록수〉, 김말봉의 〈찔레꽃〉, 김래성의 〈백가면〉 등이 있었다. 그런가 하면 이상의 〈날개〉 등 심리주의적인 작품도 독자들의 눈길을 끌었다.

이상은 일제 강점기의 문인 중 가장 독특한 작품 세계를 보여 주는 시인이

이데올로기 정치나 사회에 대한 기본적인 사고방식을 말한다.

며 소설가였다. 한일 병합 직후인 1910년 9월에 종로에서 태어난 이상의 본래 이름은 김해경이었다.

이상은 건축과 미술을 전공한 뒤 조선 총독부 건축과에서 일했다. 그러면서 '이상(李箱)'이란 필명으로 여러 작품을 발표했다. 그 일로 차츰 유명해지기 시작한 그는 스물네 살 때 폐결핵에 걸려 조선 총독부를 그만두고 온천에서 요양을 하면서 본격적인 글쓰기를 시작했다. 그 뒤 시 〈오감도〉, 소설 〈날개〉 등이 발표되었지만 그의 4차원적인 글을 이해하지 못한 독자들로부터 거센 항의를 받기도 했다. 결국 이상은 폐결핵이 심해져 일본 도쿄로 치료를 받으러 갔다가 스물일곱 살의 나이로 세상을 떠났다.

이상의 생애는 짧았지만 시대와 이념을 뛰어넘는 문학 정신은 오늘날까지 큰 영향을 끼치고 있다. 1977년 그의 문학 정신을 기리기 위해 만들어진 '이상문학상'을 그 예로 들 수 있다.

한편 1930~1940년대에는 이태준, 이효석, 정지용 등의 문인들이 일제 강점기의 어두웠던 사회 모습을 사실대로 그리면서도 일제의 탄압에 저항하는 작품을 썼다.

이 밖에 연극과 영화, 음악뿐 아니라 방송에서도 많은 발전이 있었다. 연극의 경우 윤백남, 유치진 등이 만든 '극예술연구회'를 중심으로 많은 창작극이 발표되었다. 특히 유치진의 〈토막〉, 〈버드나무 선 동리의 풍경〉, 〈소〉 등은 관객들의 큰 관심을 끌었다.

유치진은 우리나라 근대 연극을 수준 높게 발전시킨 희곡 작가이며 연출가였다. 유치진은 1931년 일본의 릿교 대학 영문과를 졸업하고 귀국한 뒤 극예술연구회를 만들어 연극을 발전시켰다. 유치진은 재능 있는 희곡을 창작했으며 직접 연출을 맡기도 했다. 또한 1960년에는 '드라마센터'를 세워 수많은 연극인과 예술가를 키우는 무대를 마련했다.

이처럼 한국의 연극 발전에 업적을 남긴 유치진도 '친일 작가'라는 비난을 받고 있다. 〈흑룡강〉, 〈북진대〉 등 친일파를 찬양하는 작품들 때문이다. 그럼에도 그가 남긴 〈토막〉이나 〈소〉 등은 1930년대를 살았던 가난한 이들의 고달픈 삶을 매우 사실적으로 그린 명작으로 평가받고 있다.

이 밖에 이광래의 〈촌선생〉, 이서향의 〈어머니〉, 이무영의 〈수전노〉 등도 훌륭한 작품으로 손꼽혔다.

음악 분야에서는 일본, 미국, 독일 등에서 유학을 마치고 돌아온 김원복, 정훈모 등 여성 음악가들의 활약이 돋보였다. 이 무렵 서양 음악이 일반 대중들에게 널리 전해진 것은 1927년에 처음 전파를 내보낸 '경성방송국(지금의 한국방송공사)'의 역할이 컸다. 우리나라에서 방송이 시작된 것은 1926년 11월, 사단법인 경성방송국이 세워지고부터였다.

경성방송국은 이듬해인 1927년 2월 16일부터 정식으로 라디오 방송을 시작했다. 1934년에는 경성방송국에 딸린 '경성관현악단'이 만들어지면서 음악이 널리 방송되었다. 경성관현악단은 처음에는 간단한 유행가 등을 연주하다가 홍난파가 지휘를 맡으면서부터 서양의 고전 음악이 전파를 타기 시작했다. 이 시기에는 녹음 시설이 발달되지 않았기에 관현악단이 방송국에서 직접 연주하는 것을 생방송으로 내보냈다.

이 시기의 음악 분야에서 눈여겨볼 사람은 작곡가 안익태였다. 안익태는 일본과 미국, 헝가리 등에서 작곡과 지휘법을 익혔다. 안익태는 1936년에 지금 불리고 있는 '애국가'를 작곡했다.

애국가는 1900년대 초에 작사되었는데 누가 작사한 것인지는 밝혀지지 않고 있다. 그런데 그 무렵만 해도 이 가사에 맞는 창작곡이 없어 줄곧 스코틀

랜드 민요인 '올드 랭 사인(Auld lang syne)'의 곡에 맞춰 애국가를 불렀다.

> 오랫동안 사귀었던 정든 내 친구여(동해물과 백두산이 마르고 닳도록)
> 작별이란 웬 말인가 가야만 하는가(하느님이 보우하사 우리나라 만세)
> 어디 간들 잊으리오 두터운 우리 정(무궁화 삼천리 화려강산)
> 다시 만날 그날 위해 축배를 올리자!(대한 사람, 대한으로 길이 보전하세)

지금도 이 곡은 졸업식이나 송년회 때 자주 불리는데 이 곡에 맞춰 우리의 애국가가 불렸던 것이다. 그 뒤 1948년에야 비로소 안익태의 곡을 애국가로 사용하게 되었다.

이 밖에 무용과 영화 분야도 발전했지만 1940년대로 접어들면서 모든 예술 분야가 일제의 탄압을 받으며 주춤해졌다. 일제는 태평양 전쟁을 시작하면서부터 국가 총동원령을 내려 한국인 수백만 명을 강제 징용, 강제 징병해 전쟁터나 광산, 터널 공사장으로 내몰았다. 이를 위해 조선 총독부는 예술가들을 동원해 일제를 찬양하는 연극이나 영화 등을 만들게 했다. 그런 이유로 많은 예술가가 아예 창작이나 공연 활동을 중단한 채 몸을 숨겼다.

문학, 연극, 영화, 미술, 음악 등이 일제의 심한 탄압과 간섭을 받아 암흑기를 맞은 데 비해 민요는 그렇지 않았다. 본래 민요는 그 시대의 모습을 서민들이 보고 느낀 대로 표현하는 노래이다. 따라서 작사자와 작곡자가 분명치 않으며 입에서 입으로만 전해지기 때문에 일제의 간섭을 받지 않았다.

> 함경도 원산이 살기는 좋아도
> 쪽발이 등쌀에 못 살겠네

인천 제물포 살기는 좋아도
왜놈의 등살에 못 살겠네.

- 임동권의 《한국민요집》 중에서

여기서 쪽발이나 왜놈은 일본인을 낮춰 부르던 말이다. 이 민요는 원산, 제물포 등의 개항장에 일본인들이 많이 살았으며, 물자가 풍부했지만 그들의 등살에 한국인들이 살 수 없었던 당시 상황을 잘 드러내고 있다. 이런 식의 민요는 지역과 시기에 따라 수없이 많았다.

문경 새재 박달나무 쓸 만한 건
홍두깨감으로 다 나가고
대장부 쓸 만한 건

징용징병으로 다 나간다.

이 민요는 일제 말기, 강제 징용과 징병을 당한 일반인들의 허탈한 마음을 표현하고 있다. 이런 민요뿐 아니라 일제 강점기의 수난 속에서도 꿋꿋이 광복을 기다리겠다는 동요도 아이들 사이에 많이 불렀다.

동녘에 비바람 몰아쳐서
산 위에 산 위에 나무들 넘어져도
우리는 피어가는 조선의 꽃
우리는 피어가는 조선의 꽃.

- 동요 '조선의 꽃' 3절

이처럼 우리 민족이 민요를 통해서나마 울분을 달래고 있을 때 소낙비처럼 시원한 소식이 전해졌다. 그것은 손기정 선수의 올림픽 마라톤 우승 소식이었다.

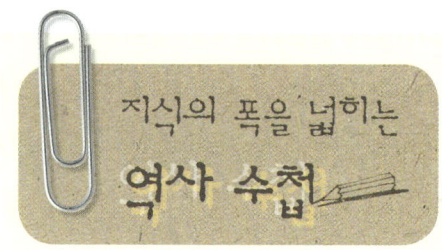
지식의 폭을 넓히는 역사 수첩

민족 문화 말살 정책과 조선어학회 사건

일제 강점기에 우리 국민이 가장 크게 고통받은 것 중 하나는 우리의 말과 글을 마음껏 쓸 수 없었다는 점이다. 말과 글은 그 나라, 그 민족의 얼과 문화를 상징한다. 그렇기 때문에 일제는 수단을 가리지 않고 한글을 없애려 했으며 한글 운동을 펼치는 단체나 지식인들을 독립운동 단체로 여겨 탄압했다.

1942년에 일어났던 조선어학회 사건도 마찬가지였다. 이 사건은 함흥의 영생고등학교 학생들이 우리말로 이야기를 나눴다는 이유로 체포되면서 시작되었다. 일제는 이때 영생고등학교 정태진 교사도 체포했다. 그 무렵, 정태진은 조선어학회 사전편찬위원으로 있으면서 사전을 인쇄하던 중이었다. 일제는 정태진을 고문한 끝에 조선어학회가 독립운동 단체라는 억지 자백을 받아 냈다.

곧이어 조선어학회 회원 등 지식인 33명이 체포되었으며 그중 이윤재, 한징 등은 심한 고문을 받다가 감옥에서 숨졌다. 다른 회원들도 징역 2년에서 6년 형을 선고받고 감옥에 갇혔다. 그들은 일제가 항복한 뒤인 1945년 8월 17일에 모두 석방되었다.

조선어학회 사건은 일제가 패망하기 전까지 한글을 비롯해 우리 민족 문화를 얼마나 억압했는지를 잘 보여주는 상징적인 사건으로 남아 있다.

▲ 조선어학회 회원 단체 사진

(마라톤으로 세계를 제패한 손기정)

　1936년 8월 1일, 독일 베를린에서는 제11회 올림픽이 열렸다. 웅장한 시설을 갖춘 올림픽 경기장에 모인 수만 명의 관중들은 마치 독일군처럼 오른손을 번쩍 치켜들고 환호했다. 경기장 안팎에는 나치스를 상징하는 하켄크로이츠 깃발들이 펄럭였다. 이 베를린 올림픽에서는 우승자에게 금메달은 물론 월계관까지 씌워 주었다. 또한 그전까지 열렸던 어느 올림픽보다 세계 신기록이 많이 나온 것으로도 유명하다.

　베를린 올림픽이 우리 민족에게 더욱 특별히 기억되는 것은 마라토너인 손기정, 남승룡 선수의 승전보 때문이었다. 그런데 올림픽 신기록을 세우며 월계관을 썼던 손기정과 동메달을 딴 남승룡은 체육복 앞에 일본의 국기인 일장기를 단 채 고개를 숙이고 있었다. 특히 손기정은 월계수 나무로 일장기를 슬그머니 가렸으면서도 서글픈 표정이었다. 그들의 표정은 은메달을 목에 건

나치스 | 1933년부터 1945년까지 독일을 지배했던 정당. 우두머리는 히틀러 총통이었다.

영국의 어니스트 하퍼 선수의 당당한 모습과 너무나 대조적이었다.

평안도 신의주에서 태어난 손기정은 어려서부터 달리기를 잘해 이름을 떨쳤다. 열여섯 살 되던 해에는 중국 단둥의 한 회사에 취직을 했는데, 손기정의 집과 단둥에 있는 회사는 약 8킬로미터 정도 떨어져 있었다. 손기정은 매일 신의주와 압록강 철교, 단둥에 이르는 그 길을 뛰어서 출퇴근했다. 강인한 체력을 타고난 그는 매일 16킬로미터 이상을 달리며 마라토너가 되는 꿈을 키워 나갔다.

손기정은 1932년, 제2회 동아마라톤에 신의주 대표로 출전해 2등을 했다. 그 덕분에 손기정은 양정고보에 입학했으며 그 뒤에도 줄곧 마라톤 훈련에 매달려 제3회 동아마라톤 때는 우승을 했다.

1935년에는 일본 도쿄에서 베를린 올림픽에 나갈 대표 선수를 가리는 선발 대회가 있었다. 손기정은 제1차 선발 대회에 참가해 2시간 26분 14초라는 기록을 세웠다. 그 당시에는 세계적인 마라토너들이 2시간 30분을 깨뜨리는 게 목표였으므로 손기정의 기록은 매우 놀라운 것이었다.

마라톤은 '올림픽의 꽃'으로 주목받는 종목이다. 올림픽 폐막식 직전, 선수들이 수만 관중의 뜨거운 박수를 받으며 스타디움으로 들어서는 유일한 종목이기도 하다.

마라톤은 기원전 490년, 마라톤 광야에서 벌어진 그리스와 페르시아의 전투에서 유래했다. 이때 그리스가 승리했다는 소식을 알리기 위해 그리스의 페이디페스 용사가 마라톤 광야에서 아테네까지 달려가 "우리가 이겼습니다."라고 소리쳤다고 한다. 실제 페이디페스가 마라톤 광야에서 아테네까지 달려간 거리는 36.75킬로미터였으나, 제4회 런던 올림픽 때 윈저궁에서 올림픽 스타디움까지의 거리가 42.195킬로미터였던 것에서 마라톤 대회의 정식

양정고보 |지금의 서울 양정고등학교로 1905년에 세워졌다. 본래 서울시 중구 만리동에 있었는데 1988년 양천구 목동으로 옮겼고 학교가 있던 자리는 '손기정 공원'으로 이름이 바뀌어 관리되고 있다.

거리가 정해졌다.

그 뒤 1930년대까지 마라톤에서 2시간 30분대를 기록하는 것은 인간의 체력 한계를 넘는 것이라고 여겨질 정도였다. 따라서 손기정이 도쿄에서 신기록을 세운 것을 두고 〈동아일보〉가 '육상계의 혜성 손기정, 세계 최고 기록 수립'이라는 제목을 달아 호외까지 찍어낸 것은 당연했다.

1935년 11월 3일, 제2차 선발대회가 열렸을 때 손기정은 4만 명이 넘는 관중들이 지켜보는 가운데 2시간 26분 42초를 기록해 그 당시 일본 선수 이케나카가 세웠던 세계 신기록을 2초 앞당겼다.

한편 전라도 순천에서 태어난 남승룡도 뛰어난 마라토너였다. 남승룡은 손기정과 동갑이었으나 양정고보에서는 손기정의 1년 선배이기도 했다.

▲ 손기정 골인 모습 | 1936년 제11회 베를린 올림픽 마라톤에서 손기정은 2시간 29분 19초의 기록으로 우승을 차지했다.

두 사람은 베를린 올림픽이 열리기 바로 전인 1936년 5월에 마지막 선발 대회를 치르게 되었다. 손기정은 한 해 전에 치러진 예선에서 두 번이나 우승했기 때문에 당연히 올림픽에 출전할 자격이 있었다. 하지만 남승룡은 그 대회에서 4위를 차지해 올림픽에 나가는 게 확실하지 않았다.

"남 형! 우리 두 사람 모두 베를린으로 갑시다."

"좋아요. 내가 열심히 노력해 한국인의 기개를 보여 주겠소."

두 사람은 이렇게 다짐하고 더욱 열심히 훈련에 매달렸다. 이윽고 1936년 5월 21일, 도쿄에서는 베를린 올림픽 마라톤 후보 최종 선발전이 열렸다. 그때 올림픽 마라톤에는 한 나라에서 세 명까지만 출전할 수 있었다. 따라서 나라를 빼앗긴 한국인들은 일본의 대표 선수로 올림픽에 나가야 했고 그것도 최종 선발전에서 반드시 2등 안에 들어야 했다. 만약 남승룡 선수가 3등을 차지한다면 일본 육상경기연맹이 온갖 흠을 잡아 올림픽에 출전시키지 않을 수도 있었기 때문이다.

출발점에 선 두 사람은 서로 마주 보며 힘을 북돋아 주었다. 그래서였는지 남승룡은 처음부터 선두를 지키며 반환점을 가볍게 돌았다. 하지만 30킬로미터를 넘어서면서부터 갑자기 속도가 처지기 시작했다. 그 뒤를 따르던 손기정 선수가 소리쳤다.

"남 형! 좀 더 힘을 내요. 이 고비만 잘 넘기면 우승할 수 있어요."

남승룡은 그 말에 힘을 얻어 다시 속도를 냈다. 그 뒤 5킬로미터를 더 달리던 남승룡은 다시 속도가 떨어지기 시작했다.

"나를 따라와요."

손기정은 2~3미터 앞에 서서 남승룡을 이끌어 주었다. 남승룡은 다시 힘을 냈다. 이윽고 경기장이 그들의 눈앞에 보였다. 그 경기장 안으로 들어서서 한 바퀴만 돌면 마라톤 코스가 끝나는 것이다. 그때 손기정은 잠시 달리기를 멈추고 신발 끈을 조여 맸다. 그 사이에 남승룡 선수를 앞세우겠다는 뜻이었다. 덕분에 남승룡은 더욱더 힘을 내어 마침내 1위로 결승 테이프를 끊었다. 손기정은 2위였다.

그 결과를 지켜본 일본 육상경기연맹은 발칵 뒤집혔다. 4년 전인 1932년에 열렸던 L.A. 올림픽 때도 한국인 김은배와 권태하가 마라톤 대표로 출전해 6위와 9위를 차지한 적이 있었기 때문에 일본인들은 자존심이 상했다. 그래서 베를린 대회에는 손기정, 남승룡 중 한 사람만 참가시키자는 의견이 거셌다. 하지만 두 사람의 실력을 인정하지 않을 수 없다는 의견에 따라 두 사람은 마침내 베를린 올림픽에 일본 대표로 출전하게 되었다.

마라톤은 인간의 체력과 인내력을 시험하는 스포츠로 주목을 받아 왔다. 그래서 마라토너들의 기록은 해를 거듭할수록 단축되고 있다. 1935년 손기정 선수가 2시간 26분 42초로 세계 신기록을 세운 것에 비해 2008년 베를린 마라톤 대회에서는 에티오피아의 게브르셀라시에 선수가 2시간 3분 59초로 세계 신기록을 세웠다. 이 일로 마라톤에서 2시간 3분대가 열렸다며 세계가 열광했다.

아무튼 1936년 무렵, 손기정은 세계 최고의 마라토너였다.

1936년 8월 9일, 무더운 한여름 낮에 베를린 올림픽 스타디움을 출발한 마라토너들은 모두 자기 나라의 영예를 가슴에 안고 마라톤 코스를 쉼 없이 달렸다. 이때의 강력한 우승 후보는 아르헨티나의 자발라 선수로 꼽혔다. 그런데 자발라는 27.4킬로미터 지점에서 탈락했으며 그때부터 한국의 손기정과 남승룡 선수는 더욱 거침없이 베를린 거리를 질주했다.

마침내 그들이 올림픽 스타디움에 도착할 때쯤, 독일의 아나운서가 흥분한 목소리로 현장을 중계했다.

"여기는 올림픽 주경기장의 결승선 지점입니다. 우리는 마라톤 우승자인 일본 선수를 기다리고 있습니다."

이윽고 손기정 선수가 가장 먼저 올림픽 스타디움 안으로 모습을 드러냈다. 손기정은 조금도 지치지 않은 기색으로 마치 단거리 육상 주자처럼 경기장 안을 힘차게 달렸다. 이때 손기정의 나이는 스물네 살이었다.

"한국 대학생이 세계의 건각들을 가볍게 물리쳤습니다. 이 한국인은 마라톤 구간 내내 아시아의 힘과 에너지로 뛰었습니다."

이 말처럼 아나운서는 처음에는 손기정을 '일본 선수'라고 했다가 그 뒤 두 번씩이나 '한국인'이라고 또렷하게 말했다. 이 중계방송의 녹음테이프는 손기정 선수가 2002년 11월, 세상을 떠난 뒤에야 발견되었다고 한다. 중계방송을 했던 아나운서도 손기정과 남승룡이 일제의 지배를 받던 한국인임을 알고 있었던 것이다.

하지만 두 선수의 체육복에는 붉은색 일장기만이 새겨져 있었을 뿐이다. 두 선수는 금메달과 동메달을 따고도 그런 사실이 못내 아쉽고 서글펐다. 그들은 시상식 때 경기장 높이 게양되는 일장기를 보는 게 부끄러웠고 장내에 울려 퍼지는 '기미 가요'에 귀를 막고 싶었다. 그래서 지금까지 전해지는 그들의 시상식 사진은 우승자답지 않게 서글퍼

기미 가요 일본의 국가(國歌)이다.

보이는 것이다.

베를린 올림픽이 끝난 뒤 기자들과 인터뷰를 할 때 손기정은 "기쁨보다 알지 못할 설움만이 복받쳐 오르며 울음만 나옵니다. 남승룡과 함께 사람들이 없는 곳에 가서 남몰래 서로를 붙들고 몇 번이나 울었습니다. 이곳 동포들의 축하 인사를 들으면 들을수록 눈물만 앞섭니다."라고 말했다.

손기정 선수가 마라톤에서 우승했다는 소식은 라디오를 통해 서울의 동아일보사에도 전해졌다. 〈동아일보〉 기자들은 즉시 호외를 만들어 거리마다 뿌려 그 기쁜 소식을 시민들에게 알렸으며 자동차에 달린 메가폰으로도 알렸다. 소식을 들은 시민들이 저마다 광화문 동아일보사 앞에 모여들어 "손기정 만세!"를 외쳤다.

그 뒤 16일이 지난 1936년 8월 25일, 〈동아일보〉의 이길용 기자와 화가인 이상범을 비롯해 편집부, 사진부 직원들이 함께 모여 회의를 했다.

"손기정 선수의 일장기를 지워 버립시다."

▲ **일장기 말소 사건** 〈동아일보〉는 1936년 8월 25일자에 실린 베를린 올림픽 마라톤 시상식 사진에서 손기정의 가슴에 달린 일장기를 지우고 내보냈다.

"그럽시다. 우리 한국인 선수가 마라톤 우승을 했는데 일장기를 단 모습을 보도하는 건 말이 안 됩니다."

이길용 기자 등은 이렇게 뜻을 모으고 그날 인쇄될 신문의 사진을 고치기 시작했다. 얼마 후 일장기가 지워진 신문이 뿌려지자 종로경찰서는 발칵 뒤집혔다. 곧 이길용을 비롯한 '일장기 말소 사건' 관련자 10여 명이 체포되었고 〈동아일보〉는 무기 정간 처분을 받았다.

이길용 기자는 이 일장기 말소 사건에 이어 1943년에는 창씨개명을 하지 않았다는 이유로 두 번이나 감옥에 갇혔다. 이 무렵에는 〈동아일보〉에 앞서 여운형이 사장으로 있던 〈조선중앙일보〉도 손기정 선수의 시상식 사진에서

정간 감독관청의 명령으로 신문, 잡지 등 정기 간행물의 발간을 일시적으로 중지하는 것을 말한다.

일장기를 지우고 보도하여 무기 정간 처분을 받았다.

그런데 〈동아일보〉의 경우, 기자들은 항일 의식이 높은 데 비해 경영자들은 생각이 달랐다. 일장기 말소 사건이 일어나자 그때의 사장이었던 송진우는 이길용 기자를 꾸짖었다. 그 뒤 정간된 지 아홉 달 만에 복간된 〈동아일보〉는 "대일본제국의 언론 기관으로 공정한 사명을 다하겠다."는 사고(社告)를 내보냈다. 이때 일장기 말소 사건에 관련되었던 이길용 기자 등 13명이 동아일보사를 떠났다.

마라톤에 우승하고 귀국하던 손기정은 싱가포르에 잠깐 머물 때 일장기 말소 사건 소식을 들었다. 손기정은 "〈동아일보〉가 내 마음을 대신 표현해 준 것은 고맙지만 나 때문에 고생하는 분들에게 무척 미안하다."고 말했다.

손기정은 훗날 "당시에 한국인이 개인적으로 명성을 얻는 것은 불가능한 일이었지만 스포츠는 예외였고, 베를린에서 꼭 1등을 해 손기정은 한국인이라는 사실을 세계에 알리고 싶었다."고 말했다. 그런 마음가짐이 있었기에 손기정은 하루에도 수십 명씩 사인을 부탁하는 외국인들에게 자신의 이름을 그 무렵의 한글 표기법에 따라 '손긔정'으로 적어 주었고, 자신이 한국인임을 분명히 알리기 위해 'KOREAN'이라고 적었다. 손기정이 우승했을 때 독일의 히틀러 총통에게 받은 월계수는 지금의 손기정 공원에 심어져 우람하게 자라고 있다.

1992년에는 스페인 바르셀로나에서 올림픽이 열렸다. 이때는 한국을 대표해 황영조 선수가 마라토너로 참가해 세계를 제패했다. 어느새 노인이 된 손기정은 바르셀로나로 날아가 그 감격의 순간을 직접 보았다. 그리고 남모르는 눈물을 흘렸다. 손자뻘인 황영조가 세계를 제패한 것이 뿌듯해서 울었고 태극기와 애국가가 울려 퍼지는 가운데 떳떳하게 상을 받는 후배의 모습이 자

복간 | 간행이 중지되었던 신문이나 잡지를 다시 펴내는 일을 말한다.
사고 | 회사에서 내는 광고를 일컫는 말로, 여기서는 언론사가 회사의 운영 방침을 알리는 광고를 말한다.

랑스러워서 울었다. 또 수십 년 동안 자신의 가슴에 맺혔던 한을 풀 수 있어서 울었다.

손기정은 황영조를 격려하면서 "지금 젊은 사람들은 나라 잃은 설움에 대해서 모른다. 나는 우승하고 시상식을 할 때 일본 국가가 연주되어 고개를 숙여야만 했다."고 그때의 심정을 털어놓기도 했다. 나라를 빼앗긴 설움을 떨쳐내기 위해 이를 악물고 세계를 제패하고도 고개를 들지 못했던 일제 강점기였다.

중일 전쟁과 태평양 전쟁

　1932년 3월 9일, 일본 관동군은 '만주국'을 세웠음을 전 세계에 알렸다. 만주 사변을 일으켰던 일본은 중국의 동북 지역을 지배할 목적으로 꼭두각시 나라인 만주국을 세운 것이다. 일제는 조선족을 비롯해 일본족, 한족 등 다섯 민족이 서로 화합하는 나라를 세웠다며 선전했다. 만주국은 겉으로는 푸이 황제가 다스리는 것으로 되어 있었지만 실제로는 일본인 총무청장이 모든 권력을 쥔 일본의 식민지였다.

　이렇게 되자 중국인들은 '항일 연군'이란 부대를 창설해 무장 투쟁을 벌여 나갔다. 이 항일 연군은 모두 3만여 명의 군인과 민간인들로 이루어진 부대였다. 일본 관동군은 항일 연군의 활동 지역을 틈나는 대로 공격했을 뿐 아니라 그곳에 있는 일반인들을 마구 학살했다. 또 그들이 항일 부대와 만나는 것을 막기 위해 관동군이 정한 지역에 강제로 이주시켜 주민들끼리 서로 감시하고 고발하게 만들었다.

일제는 같은 해 9월 16일, 허난성 핑딩산(평정산) 근처에 살고 있던 민간인 3000여 명을 모두 학살하는 만행을 저질렀다. 그때 숨진 사람들 중에는 젖먹이 아기들까지 있었다. 지금도 그곳에는 '핑딩산 참사 기념관'이 세워져 억울하게 목숨을 잃은 이들의 유골이 보관되어 있다. 일제의 만행은 끝이 없었다. 그들은 항일 운동을 하고 있다는 의심이 가는 사람들은 무조건 체포해 고문했으며 함부로 죽었다.

만주국을 거느리게 된 일제는 일본인 자본가들로 하여금 만주 지역에 금융, 석탄, 금광, 전력 등의 회사를 세우게 하면서도 중국이나 다른 민족의 자본이 들어가는 것은 막았다. 또 일본인들을 만주 지역에 옮겨 살도록 하기 위해 '100만 호 이주 계획'을 세우기도 했다. 이 계획에 따라 1945년까지 일본인 29만 명이 만주로 옮겼고 이때 한국인들도 다수 강제로 이주되었다.

일제는 만주국의 교육 제도도 멋대로 뜯어고쳤다. 먼저 항일 운동에 앞장섰던 학교를 없애고 교사와 학생들은 체포해 일제에 굴복하도록 길들였다. 그런가 하면 만주국에서 생산되는 양곡을 해마다 강제로 빼앗는 '양곡 징수 정책'도 펼쳤다. 이 일로 1939년에는 500만 톤, 1945년에는 900만 톤이나 되는 양곡이 일본이나 일본군이 파견된 여러 전쟁터로 보내졌다. 참고로 2010년, 우리나라의 1년 쌀 생산량이 430만 톤이 채 안 되었으니 900만 톤이 얼마나 많은 양인지 짐작할 수 있다. 이 때문에 만주의 중국인들은 도토리 열매 등으로 배고픔을 견뎌야 했다.

일본의 만행은 여기에 그치지 않고 마침내 중국 대륙을 침략하기에 이르렀다. 1937년 7월 7일, 베이징 근교의 루거우차오(노구교)에서 시작된 이 중일 전쟁에서 일본은 계속 승리를 거뒀다. 전쟁을 시작한 지 몇 달 만에 상하이를 점령한 데 이어 중국 국민당 정부가 있던 임시 수도 난징(남경)으로 20만 명이나 되는 군대를 보냈다.

"난징은 쉽게 점령할 수 있다. 그런 데다 난징을 점령하면 중국 전체를 우리가 지배하게 될 것이다."

일본 정부와 군대의 지휘관들은 이렇게 판단하고 있었다.

"모든 부대의 보급품은 점령 지역에서 징발하라."

이런 명령이 떨어지자 일본군들은 난징으로 진격하는 도중에 살인과 약탈, 방화를 마음껏 저질렀다. 그 뒤 일본군은 비행기와 대포로 난징 시내를 마구 폭격한 끝에 1937년 12월 13일, 난징을 점령했다.

일본군은 난징으로 진격하면서 약 30만 명, 점령한 뒤에는 4만 2000여 명 등 모두 35만 명의 중국군과 민간인을 무자비하게 죽였다. 일본군은 붙잡힌 사람들을 총검술 연습용으로 쓰거나 산 채로 땅에 묻는 등 이루 말할 수 없는 살육을 일삼았다. 이 사건이 바로 오늘날까지 문제가 되고 있는 '난징 대학살'이다.

일본 정부는 지금까지도 난징 대학살을 공식적으로 인정하지 않고 있다. 심지어 '난징 대학살은 중국인들이 꾸며낸 20세기의 가장 큰 거짓말'이라는 망언을 퍼붓는 관리들도 많다. '난징 대학살에 대한 증거가 없는데 무슨 소리냐?'며 오히려 큰소리를 치기도 한다.

그러나 진실은 결코 묻히지 않는다. 이 난징 대학살에 대해서 '아이리스 장'이라는 중국계 미국인이 오랫동안 연구와 조사를 한 끝에 《난징 대학살》이라는 책을 펴냈다. 난징 대학살이 일어났을 때 미국의 한 신문은 '사망자들이 손을 잡으면 난징에서 항저우(항주)까지의 322킬로미터를 이을 수 있고 시체를 기차에 싣는다면 2500량을 가득 채울 수 있을 것'이라고 보도한 적도

〈난징 대학살〉 |이 책의 원래 제목은 《난징의 강간(The Rape of Nanking)》이다.

있다.

　중국 정부는 난징 대학살이 일어난 지 70주년이 되는 2007년에 매년 12월 12일을 '난징 대학살 기념일'로 정해 당시 희생된 사람들의 넋을 기리고 있다.

　난징 대학살에도 불구하고 중국의 국민당과 공산당은 끈질기게 저항해 일본군을 막아 냈다. 그래서 일본군은 상하이, 난징 등 주요 도시만 점령했을 뿐 다른 지역들로는 진격할 엄두를 내지 못했다. 중국의 영토가 워낙 넓은 데다 인구도 많았기 때문이다. 더구나 미국, 영국 등이 중국을 도우면서 일본 경제를 압박한 것도 큰 영향을 주었다.

　이에 따라 일본은 자원과 물자가 풍부한 동남아시아로 눈길을 돌렸는데 얼마 후 제2차 세계 대전이 일어났다. 제2차 세계 대전은 1939년 9월 1일, 히틀러가 이끄는 독일군이 폴란드를 공격하면서 시작되었다. 제1차 세계 대전과 마찬가지로 제2차 세계 대전은 인류의 역사를 뒤흔든 엄청난 사건이었다.

　이때 일제는 동남아시아를 점령함에 따라 전쟁을 하는 데 필요한 석유와 고무, 주석 등을 확보할 수 있었다. 그 덕분에 1940년 9월에는 독일, 이탈리아와 '삼국 동맹'을 맺고 제2차 세계 대전에 뛰어들었다. 이것으로 제2차 세계 대전은 삼국 동맹 대 영국, 프랑스, 네덜란드, 미국 등으로 이루어진 연합

국의 전쟁으로 번졌다.

　삼국 동맹의 하나인 일본은 오래전부터 동남아시아를 지배했던 미국과 영국을 공격하기로 했다. 이에 따라 1941년 12월 7일 새벽, 일본의 해군 항공대가 하와이의 진주만에 정박 중이던 '미국 태평양 함대'를 기습하면서 태평양 전쟁이 시작되었다.

　일본은 태평양 전쟁을 일으킬 때만 해도 미국, 영국 등에게 연전연승을 거두었다. 그 결과 말레이 반도와 홍콩, 싱가포르, 버마(지금의 미얀마), 인도네시아, 필리핀 등을 점령해 남태평양을 지배했다.

　그렇다면 이 무렵의 조선 총독부는 어떻게 한국인을 탄압했을까?

　일제는 한국을 강제 지배하면서부터 줄곧 '내선일체(內鮮一體)'를 강조했다. 이는 '일본과 조선은 하나'라는 뜻이다. 일제는 한국인을 제2의 일본인으로 만들기 위해 갖은 계략을 썼다. 한국 영토를 발판 삼아 중국과 러시아 대륙으로 진출하려는 야욕 때문이었다. 또 한국인을 전쟁터의 총알받이로 삼으려는 흉계도 있었다.

　여러 개의 섬으로 이루어진 일본은 대륙과 연결되어 있는 우리나라를 <u>병참 기지</u>로 만들 작정이었다. 더 나아가 우리 국민을 일본의 '2등 국민'으로 만들어 전쟁과 여러 가지 노역에 끌어들이려고 했다. 하지만 그들보다 오랜 역사와 빛나는 문화유산을 간직한 한국인들의 저력과 저항 앞에서는 일제도 섣불리 나서지 못했다.

　3·1 운동이 일어나자 조선 총독부는 '문화 통치'를 한다는 구실을 내세워 한국의 정치가나 지식인들을 차츰 친일파로 만들어 나갔다. 그러다가 만주를 침략한 1931년부터는 한민족 말살 정책을 펴 나가기 시작했다. 1938년 4월 1일에는 '국가 총동원법'을 공포했다. 이 법률은 일제가 전쟁을 하는 데 필

병참 기지 |군사 작전에 필요한 군사와 물자, 재산을 보급하거나 관리하는 근거지이다.

요한 물자와 인력을 식민지인 한국, 대만이 공급해야 하며 식민지 국민의 자유를 억압하고 언론 활동을 철저히 막는다는 데 목적이 있다.

당시 '조선의 히틀러'란 별명을 가진 미나미 총독은 〈동아일보〉와 〈조선일보〉를 아예 폐간시킬 작정이었다. 〈동아일보〉는 일장기 말소 사건이 일어난 뒤 무기 정간을 당했다가 1937년 6월에 복간되었다. 이때 조선 총독부는 두 신문사에 압력을 넣었으며 기사를 검열했다. 따라서 두 신문사는 조선 총독부가 요구하는 내용만 신문에 실을 수 있어 조선 총독부의 기관지인 〈매일신보〉와 다를 바가 없었다.

하지만 조선 총독부의 압력은 여기에서 그치지 않았다. 하루는 미나미 총독이 두 신문사의 사장을 불러 협박했다.

"이제 조선인들에게는 두 신문이 필요할 것 같지 않소. 더 이상 손해를 보기 전에 문을 닫는 게 어떻소?"

"그게 무슨 말입니까? 조선의 대표적인 언론에 재갈을 물리다니요? 우리는 그렇게 할 수 없습니다."

"자꾸 버티면 나중에 후회할 일이 생길 것이오. 알아서 판단하시오."

미나미 총독의 협박처럼 두 신문은 태평양 전쟁이 일어나기 전인 1940년 8월 10일, 강제로 폐간당했다. 창간된 지 20년 만에 문을 닫게 된 것이다. 〈조선일보〉는 모두 9923호를 펴냈고, 탄압을 훨씬 더 많이 받았던 〈동아일보〉는 6819호를 펴냈을 때였다.

일제는 국가 총동원법뿐 아니라 한국인들도 천황의 신하이며 백성이라는 걸 강조하기 위해 '황국신민화 정책'을 펼쳐 나갔다. 이 정책에 따라 한국인들은 천황에게 충성을 다하겠다는 '황국신민 서사'를 외워야 했고 일본어 사용뿐 아니라 심지어 성과 이름마저 일본식으로 바꿔야 했다. 그리고 일본인

검열 | 언론, 출판, 연극, 영화, 우편물 등의 내용을 미리 검사하여 그 발표를 결정하는 일을 가리킨다.

이 신으로 섬기거나 일본의 발전에 이바지했던 사람들을 섬기는 사당인 신사(神社)를 참배해야 했다.
  이 가운데 황국신민 서사는 성인용과 어린이용의 두 가지가 있었는데 그중 어린이용은 다음과 같다.

하나. 우리는 대일본제국의 신민입니다.
하나. 우리들은 마음을 합하여 천황 폐하에게 충의를 다합니다.
하나. 우리들은 어려움을 참고 단련하여 훌륭하고 강한 국민이 되겠습니다.

— 어린이용 황국신민 서사

한국인들은 날마다 정오(12시)가 되면 천황이 사는 도쿄 쪽으로 머리를 숙인 뒤 이와 같은 황국신민 서사를 외웠으며, 결혼식 등 행사가 있을 때에도 모든 참석자들이 황국신민 서사를 외웠다.

1940년부터는 성과 이름을 일본식으로 바꾸는 창씨개명이 시작되었다. 일제는 창씨개명을 하지 않는 한국인에게는 온갖 불이익을 주었다. 예를 들어 창씨개명을 하지 않은 사람들의 자녀는 입학과 진학이 힘들었고, 어떤 기관이나 기업에도 채용되지 못했다. 학교에서도 창씨개명을 하지 않은 아이들을 일본인 교사들이 때리거나 야단을 쳐 아이의 부모로 하여금 창씨개명을 하게 만들었다. 또한 관청에서도 창씨개명을 안 한 사람들에게는 서류를 떼어 주지 않았다.

창씨개명에 앞장섰던 이광수는 1940년 9월 4일부터 12일까지 〈매일신보〉에 날마다 연재한 글에서 일제의 황국신민화 정책을 다음처럼 찬양했다.

> 내선일체란 조선적인 것을 버리고 일본적인 것을 배우는 것이다. 그리하여 조선인 2300만 명이 모두 호적을 들추어 보기 전에는 일본인인지 조선인인지 구별할 수 없게 되는 것이 그 최후의 이상이다. ……조선인은 이 점을 바로 알아야 한다. 그 순간부터 내게 있는 모든 것은 다 천황께서 주신 것으로 따라서 언제든지 천황께 바칠 것으로 깨달아야 한다. ……그러므로 매일 아침 7시의 궁성 요배에 조선인은 특별한 정성과 기쁨으로써 할 것이다.

여기서 '궁성 요배'란 천황이 있는 도쿄를 향해 절을 드리는 것을 말한다. 이런 글에서도 이광수 등의 친일 행위가 얼마나 심했는지 짐작하게 된다.

일제는 1942년부터 더 이상 한국어를 가르치거나 쓰지 못하게 했다. 실제로 일제 강점기의 '국어'란 한글이 아니라 일본어를 가리키는 말이었다. 창씨개명과 마찬가지로 학생들은 한국말을 하는지 서로 감시했으며 어른들도 한국말을 하다가 들키면 벌금을 물어야 했다.

이렇듯 우리 민족은 일제 강점기가 끝나갈 무렵에는 얼과 언어, 이름까지 모두 일본식으로 뜯어고쳐야 살아남는 시대를 살았다.

일제는 중일 전쟁을 하기 전부터 한국 땅에 군수 물자를 생산하기 위한 공장을 세웠다.

"조선은 일본이 대륙을 침략하기 위한 발판이다."

미나미 총독은 드러내 놓고 이런 말을 지껄이면서 일본 기업들이 한국에 진출하도록 여러 가지 특혜를 주었다. 그 뒤 국가 총동원법에 따라 면화와 철, 석탄 등 공업 원료를 한국에 있는 일본 기업들에게 싼값으로 공급했다. 이때 미쓰이, 미쓰비시, 스미토모와 같은 일본 재벌들도 한국에 들어와 공장을 세우고 군수 산업을 키워 나갔다.

이런 정책으로 일반 국민의 생활은 더욱더 힘들어졌다. 이때는 곡식이나 공산품을 가릴 것 없이 모두 전쟁에 쓰였으므로 일반인들이 생활필수품을 구하는 게 여간 어렵지 않았다. 오직 일본 기업과 일본인들만 배불리 먹고 사는 시대였다.

농촌에서 생산되는 쌀, 보리 등의 잡곡을 비롯해 감자와 고구마도 조선 총독부가 헐값에 사들여 전쟁터로 보냈다. 군복을 만드는 데 필요한 면화와 삼베도 마구 거두어 갔다.

조선 총독부는 중일 전쟁과 태평양 전쟁이 시작되면서부터 한국인들에게 위문품이나 국방헌금을 내야 한다고 협박했다. 그러면서 무기를 만들 만한 쇠붙이란 쇠붙이는 모조리 빼앗아 갔다. 학교의 철문과 쇠로 만든 난간,

군수 | 군인들에게 필요한 무기, 식량, 의복, 물자 등의 보급품을 말한다.

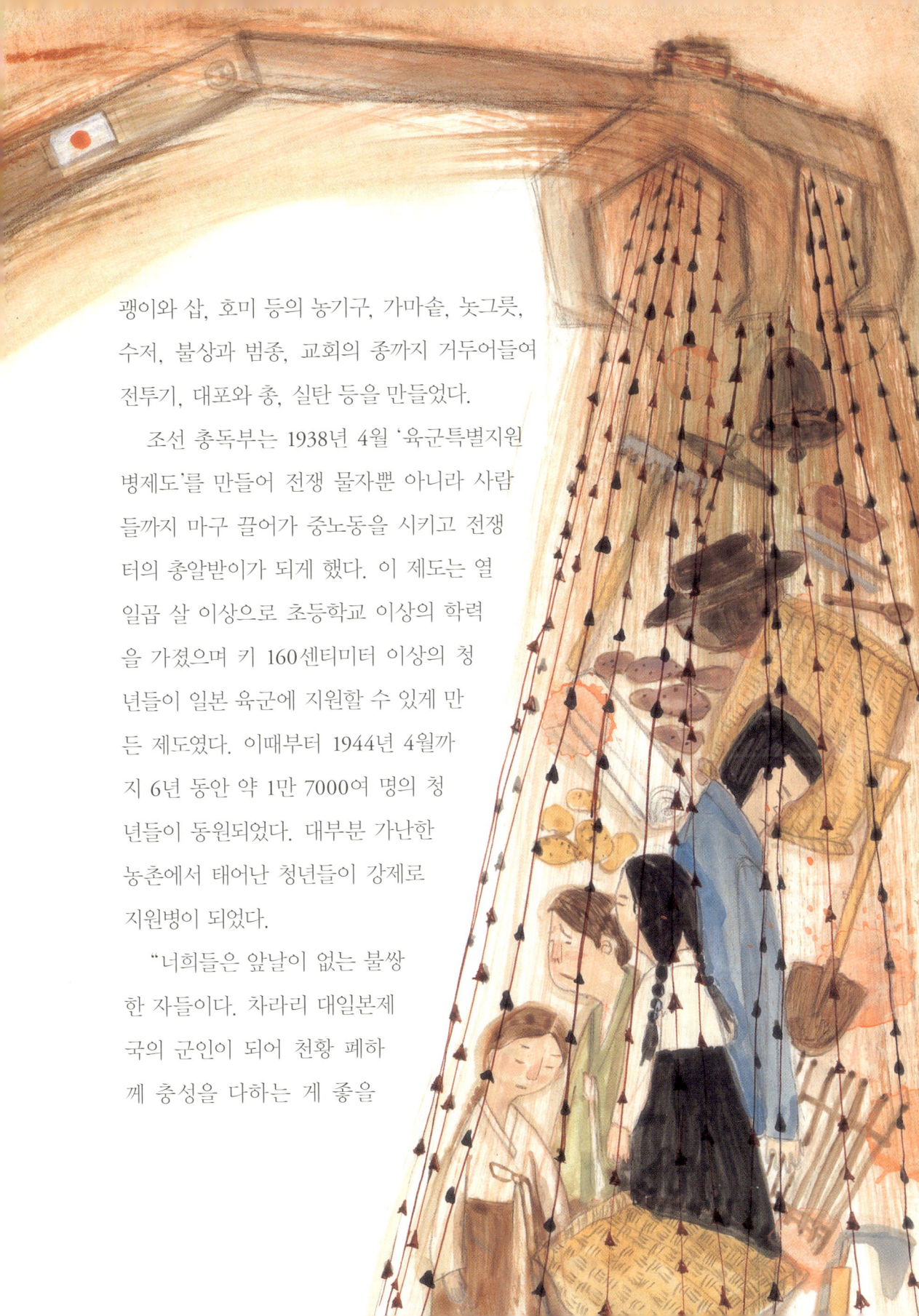

 괭이와 삽, 호미 등의 농기구, 가마솥, 놋그릇, 수저, 불상과 범종, 교회의 종까지 거두어들여 전투기, 대포와 총, 실탄 등을 만들었다.
 조선 총독부는 1938년 4월 '육군특별지원병제도'를 만들어 전쟁 물자뿐 아니라 사람들까지 마구 끌어가 중노동을 시키고 전쟁터의 총알받이가 되게 했다. 이 제도는 열일곱 살 이상으로 초등학교 이상의 학력을 가졌으며 키 160센티미터 이상의 청년들이 일본 육군에 지원할 수 있게 만든 제도였다. 이때부터 1944년 4월까지 6년 동안 약 1만 7000여 명의 청년들이 동원되었다. 대부분 가난한 농촌에서 태어난 청년들이 강제로 지원병이 되었다.
 "너희들은 앞날이 없는 불쌍한 자들이다. 차라리 대일본제국의 군인이 되어 천황 폐하께 충성을 다하는 게 좋을 것이다."

 조선 총독부가 남긴 통계에 따르면 이 지원병에 스스로 나선 청년은 0.7퍼센트에 지나지 않았다. 나머지 99.3퍼센트는 일제의 강요를 이기지 못해 억지로 지원했던 것이다.

 조선 총독부는 1943년 5월, '해군특별지원병제도'를 만들어 한국인 청년 2만 2000여 명을 전쟁터로 보냈으며 같은 해 8월부터는 지원병이 아니라 아예 강제 징병을 했다. 이때 22만 2000여 명이 억지로 신체검사를 받고 전쟁터로 끌려갔다.

 그뿐 아니라 1943년 10월부터는 전문학교 이상에 다니고 있는 학생들을 전쟁터로 끌어들이기 위해 '학도병제'를 만들었다. 이 법이 발표되자 친일파 지식인과 언론인 등은 매일 학도병에 지원하라는 글을 조선 총독부가 펴내던 〈매일신보〉 등에 실었다. 그들은 사설과 연재물, 좌담회, 기고문 등을 통해 학생들이 '대동아 전쟁(태평양 전쟁)'에 참가하는 것이 나라를 사랑하고 보답하는 길이라고 선전했다.

 이때 실렸던 글들은 1997년, 친일파를 연구하는 한 언론인이 《학도여, 성전에 나서라》라는 책으로 엮고도 남을 만큼 많았다. 이 책의 제목은 바로 최남선이 〈매일신보〉에 발표한 글에서 딴 것이다. 최남선, 김성수, 조만식, 이광수, 김동환, 주요한, 박종화, 윤치호, 김활란 등 이름만 들어도 알 수 있는 지식인들이 이런 글로 자신의 명예에 먹칠을 했다.

 일제는 지원병과 징병, 학병 이외에도 노역을 시키거나 성노예를 만들기 위해 강제 징용과 정신대란 이름으로 남녀노소를 가리지 않고 마구 끌어갔다. 1939년부터 1945년까지 약 100만 명이 강제 징용되어 일본, 동남아시아 등으로 끌려갔다. 그들은 탄광, 비행장, 항만, 터널 공사 등 위험한 일터에서 중노동에 시달렸으며 많은 이들이 목숨을 잃었다. 다음은 일본 홋카이도의 스미토모 탄광에 강제 징용으로 끌려갔던 사람의 증언이다.

갱 안에서 목이 마르면 그 속에 있던 붉은 물을 마시고는 설사하는 게 일쑤였다. (일제는) 그래도 끌고 가서 아침 6시부터 밤 11시까지 일을 시켰다. ……많은 사람이 죽었다. 전에도 나이강에서 젊은 아이들이 가족들의 이름을 부르며 죽어 갔다. 지금 생각해도 눈물이 난다. 하라타구미에서는 서울에서 온 학문 있는, 좋은 가문의 자식이 도망치다가 붙잡혀 와서 혹독하게 두들겨 맞고 정신이 돌아 버렸다. 집단으로 도망친 사람들 가운데에는 얼어붙은 하천의 폭을 잘못 보고 건너다 빠져 죽는 경우가 많았는데 봄이 되면 눈이 녹아 시체가 이시카리천의 버드나무 가지에 걸려 있는 것이 자주 눈에 띄었다…….

- 강제 징용자 최천수의 글 '이 한을 절대로 잊을 수 없다' 중에서

1940년대부터 일본인들은 '정신대'란 말을 써 왔다. 이 말은 남자와 여자를 가리지 않고 '국가(일제)를 위해 몸을 바치는 부대'라는 뜻이었다. 그러다가 1944년, 일제가 '여자 정신대 근로령'이라는 법을 만들면서 정신대라는 말이 본격적으로 쓰였다. 이 법이 만들어진 뒤 우리나라의 미혼 여자들 수십만 명이 일본이나 한국의 군수 공장으로 끌려갔다. 여자들은 남자들이 징용으로 빠져나간 탓에 부족해진 일손을 메워야 했다.

일제는 정신대로 끌려간 여자들에게 "좋은 공장에 취직시켜 주고 돈을 많이 벌게 해 주겠다."고 속여 일본군 부대에 딸린 위안소로 보내기도 했다. 일

본군 위안소는 일본, 중국, 동남아시아 등 일본군이 주둔하고 있던 모든 지역에 있었다. 이때 성노예처럼 끌려간 여자들 중에는 한국인이 가장 많았으며 중국, 필리핀, 인도네시아인 등을 합쳐 약 8만 명에서 15만 명에 이를 정도라고 한다.

일본군의 성폭력에 시달리던 이들 중 스스로 목숨을 끊은 사람도 많았고 일본이 항복한 뒤에는 한꺼번에 학살당한 경우도 많았다. 하지만 겨우 귀국을 했어도 위안부였다는 이유만으로 온갖 손가락질을 받아 가며 얼굴과 이름을 감추고 살다가 쓸쓸히 세상을 떠난 경우가 대부분이었다. 그뿐 아니라 정신대에서 노동에 시달리던 여자들도 위안부로 지내지 않았느냐는 의심을 받는 일이 많았다.

일본 정부는 이 위안부 문제에 대해 지금까지 사과하거나 보상하지 않은 채 어물쩍 과거의 문제로 넘기려 하고 있다. 그래서 전 세계적인 비난을 받고 있지만 오히려 일제 강점기가 한국의 근대화를 앞당겼다느니, 독도는 일본 영토라느니 하는 망언을 일삼고 있다.

우리 사회에서는 오랫동안 정신대와 위안부를 같은 뜻으로 혼동해 왔다. 하지만 두 용어는 서로 다를 뿐 아니라 위안부라는 말도 그 뜻을 옳게 표현하면 '일본군에 의한 성노예'가 정확하다고 한국정신대연구소는 밝히고 있다. 강제 징용과 징병, 정신대, 성노예, 학병 등은 모두 일제가 내린 국민 총동원법에 따라 한국인이 생명과 인권, 노동력을 빼앗겼던 슬프고 비참한 사건이었다.

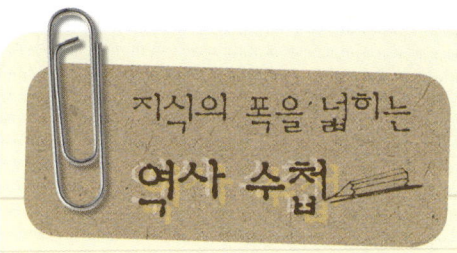

하와이 진주만과 태평양 전쟁

북태평양 한가운데에 있는 하와이는 1897년부터 미국의 지배를 받았고 1959년에는 미국의 50번째 주(州)가 되었다. 진주만은 하와이의 수도 호놀룰루에서 서쪽으로 10킬로미터쯤 떨어진 오하후 섬 남쪽에 있는 지역으로 1900년부터 미국의 해군 기지로 쓰였다.

1941년 12월 7일, 일본의 기습 공격을 받아 태평양 전쟁이 시작된 곳으로 유명하다. 지금 진주만은 미국의 국립사적지로 지정되어 있으며, 일본의 공격으로 침몰한 전함 애리조나호가 있던 자리에는 기념비가 세워져 있다.

지난 2001년에는 일본의 기습 공격을 받았을 때 미군들의 활약상을 그린 영화 '진주만(Pearl Harbor)'이 개봉되어 큰 관심을 끌었다.

▲ 태평양 전쟁 당시 진주만의 모습. 일본의 공격을 받아 화재에 휩싸인 미 전함 쇼(Shaw) 호.

심우장의 별은 떨어지고

한용운은 《님의 침묵》을 펴낸 뒤에도 수많은 시와 소설, 논설 등을 써 나갔다. 한용운이 신문과 잡지 등에 발표한 글은 이루 헤아릴 수도 없이 많았다. 그중 많은 글은 불교에 관한 내용이었다. 그는 1931년에 〈불교〉라는 잡지를 펴내면서 더욱 많은 글을 발표했다.

그러면서도 틈틈이 독립 정신을 일깨우는 강연을 했는데 그럴 때마다 수많은 청중과 함께 일본인 형사들이 따라붙었다. 그들은 한용운이 일제를 비난하는 연설을 하면 즉시 중단시켰다. 하지만 논리가 정연하고 힘이 있는 한용운의 연설에 감동한 나머지 자신도 모르게 손뼉을 치는 형사들도 많았다.

하루는 연설을 하던 한용운이 청중들에게 물었다.

"여러분, 우리의 가장 큰 원수는 대체 누구란 말입니까?"

이때 청중들이 머뭇거리자 한용운이 다시 입을 열었다.

"러시아입니까? 아닙니다. 그렇다면 미국일까요? 그것도 아닙니다."

이렇게 되자 형사들은 한용운의 입에서 무슨 말이 튀어나올지 바짝 긴장했다. 청중들도 찬물을 끼얹은 듯 숨을 죽였다.

"그렇다면 우리의 가장 큰 원수는 일본일까요? 모두들 일본이 우리의 가장 큰 원수라고 합디다."

이 말이 나오자 형사들은 벌떡 일어서며 소리쳤다.

"중지! 연설 중지!"

하지만 한용운은 그들의 말은 들은 체도 안 하고 계속 연설을 해 나갔다.

"아닙니다. 우리의 원수는 러시아나 미국도 아니며 일본도 아닙니다. 우리의 원수는 바로 우리 자신입니다. 우리 자신의 게으름, 이것이 바로 우리의 가장 큰 원수란 말입니다."

비로소 청중들은 "옳소!" 하며 크게 박수를 쳤다. 이쯤 되고 보니 일제 경찰도 고개를 끄덕일 수밖에 없었다.

1932년 12월, 식산은행 직원이 한용운에게 달콤한 제의를 했다.

"만해 선생, 저희가 성북동에 국유지를 가지고 있는데 그걸 선생께 드리겠습니다."

"그 땅을 왜 나한테 준단 말인가?"

"이제 선생께서도 집을 짓고 편안히 사실 때가 되지 않았습니까?"

"난 그런 땅 필요 없네. 두 번 다시 그런 말 하지 말게."

조선 총독부는 어떻게든 한용운을 끌어들여 친일파로 만들거나 적어도 일제의 정책을 비판하지 못하게 만들 작정이었다. 하지만 한용운은 그런 잔꾀에 넘어가지 않았다. 그 당시 〈불교〉라는 잡지를 어렵게 꾸려 나가고 있던 한용운에게는 한 푼의 돈도 아쉬웠다. 한용운이 세를 얻어 살던 방은 군불

식산은행 | 조선 총독부가 한국 경제를 장악하기 위해 1918년에 세운 은행. 그 당시 한국에서 가장 큰 규모였다.
국유지 | 국가가 소유하고 있는 토지이다.

을 땐 나무조차 없어 한겨울에는 골병이 들 만큼 냉동 창고가 되고는 했다. 하지만 한용운은 일제나 조선 총독부라는 말에는 고개부터 설레설레 흔들었다.

조선 총독부는 일본의 연호를 썼는데 신간회가 조직된 1927년은 일본 연호로 '소화(昭和)' 2년이었다. 신간회는 좌익과 우익 세력이 힘을 모아 한국인의 정치적, 경제적인 독립을 위해 만들어진 항일 단체였다. 이 무렵, 한용운은 신간회 경성 지회장으로 선출되었다. 신간회가 조직된 후 전국으로 문서를 보내기 위해 봉투를 인쇄했다. 그런데 인쇄된 봉투의 뒷면에 '소화 ○년 ○월 ○일'로 인쇄된 부분이 있었다. 뒤늦게 그것을 발견한 한용운은 아무 말 없이 그 봉투 1000여 장을 아궁이 속으로 집어던졌다. 그러면서 어쩔 줄 몰라 쩔쩔매던 주위 사람들에게 한마디 던졌다.

"어허! 소화(昭和)를 소화(燒火)시키니 시원하구나!"

항일 운동을 하겠다면서 일제의 연호를 쓴 회원들을 그렇게 꾸짖었던 것이다.

한용운은 서대문 감옥에서 풀려난 뒤로는 오랫동안 서울 계동과 성북동 등을 떠돌며 셋방을 얻어 살았다. 교통이나 통신이 발달하지 않았던 그 시기에는 이런 저런 글을 쓰고 불교 잡지를 발행하려면 깊은 산속보다는 서울에 머무는 게 편리했기 때문이다.

따라서 한용운은 스님이면서도 일반인과 다를 바 없는 생활을 했다. 하지만 일제의 압박을 이기지 못해 일본식 문화나 제도를 따르는 사람들에 대해서는 결코 그냥 넘어가지 않았다.

1933년이 되었다. 벌써 한용운의 나이도 쉰다섯 살이었다. 여느 지식인들 같으면 손자를 보았을 나이였다. 하지만 한용운은 마음 편히 머물 집 한 칸 없이 혼자 지내고 있었다. 고향에는 부인과 아들이 있었지만 그들과 남남으로 지낸 것도 수십 년이 넘었다.

그처럼 쓸쓸한 한용운의 모습을 지켜보던 주위 사람들이 차츰 여러 가지 권유를 했다.

"만해 선생! 이젠 선생을 돌봐 줄 사람을 찾아야 하지 않겠습니까? 언제까지 이렇게 혼자 사실 겁니까?"

사람들은 한용운에게 재혼할 것을 권했다.

"이 나이에 무슨 결혼을……."

한용운은 고개를 저었지만 마음 한 편으로는 망설였다. 그때 한용운이 차마 거절하지 못할 또 다른 제안이 있었다.

"내가 성북동에 집 한 칸을 지으려고 손바닥만 한 땅을 가진 게 있습니다.

소화 |불에 태워 없애다.

거기에다 스님의 집을 지으시지요."

　백양사의 김벽산 스님이 이렇게 말했다. 그 땅은 172평방미터(52평)로 작은 집 한 채를 겨우 지을 만큼의 넓이였다.

　한용운은 그 제의를 고맙게 받아들였다. 이제는 집 지을 돈이 필요했는데 그 문제도 쉽사리 해결되었다. 한용운이 집을 지으려 한다는 소문을 들은 주위 사람들이 조금씩 돈을 거두고 '종로금융조합'의 융자를 받아 1000원을 마련해 주었기 때문이다. 집의 설계는 중동학교의 수학교사였던 최규동이 맡아 주었다.

　한용운은 설계도를 받아들고 집의 방향을 북쪽으로 향하게 했다.

　대부분의 집들은 햇빛과 바람이 잘 통하게 하기 위해 남쪽이나 동남쪽으로 대문을 두게 마련이다. 하지만 한용운은 일부러 북쪽으로 방향을 틀었다.

　"이 집을 남향으로 하면 조선 총독부를 바라보게 되잖나? 난 그자들을 보기 싫으니 북향으로 지어 주게."

　이런 고집에 따라 지어진 한용운의 집은 '심우장'이라는 이름이 붙어 지금까지 전해지고 있다.

심우장을 짓는 동안 한용운은 주위 사람들의 권유로 결혼을 했다. 그의 두 번째 아내가 된 유숙원은 그 무렵 종로의 '진성당'이라는 병원에서 간호사로 일하고 있었다. 평생 결혼을 하지 않기로 다짐했던 유숙원은 병원 원장이 여러 차례 설득하자 한용운을 만났다. 두 사람의 나이는 스무 살쯤 차이가 났다. 유숙원은 시인이며 독립운동가로 이름이 높았던 한용운을 평생 섬기기로 결심했다.

늘그막에 부부가 된 두 사람은 한창 공사가 시작된 심우장 일에 발 벗고 나섰다. 한용운은 인부들과 함께 서까래나 기와 나르는 일을 거들었고 부인은 밥 짓는 일에 정신이 없었다. 그렇게 공들인 끝에 1933년 겨울, 두 사람은 심우장에서 새로운 생활을 시작했다.

한용운은 심우장으로 옮긴 뒤 비로소 안정을 찾았다. 냉동 창고 같은 방에서 겨울을 보내지 않아도 되었고 봄, 여름, 가을에는 앞마당에 꽃과 나무를 가꿀 수도 있었다. 수많은 사람들이 심우장을 찾아왔다. 그들 중에는 최남선, 이광수, 최린 등 친일파로 변절해 한용운의 매서운 꾸짖음을 받고 두 번 다시 심우장을 찾지 못하게 된 사람들도 있었다.

1934년에는 한용운 부부 사이에 딸이 태어났다. 한용운은 딸에게 '영숙'이라는 이름을 지어 주기는 했지만 호적에는 올리지 않았다. 딸뿐 아니라 부인도 혼인 신고를 하지 않은 채 놓아두었다. 조선 총독부의 행정 체제를 따르지 않겠다는 한용운의 고집 때문이었다.

그런 이유로 영숙은 공부할 나이가 되어서도 학교에 들어갈 수가 없었다. 영숙을 가르치는 일은 모두 늙은 아버지 한용운이 맡아서 했다. 영숙은 소학교에 들어가는 대신 아버지가 가르치는 《천자문》과 《소학》 등을 배웠다. 가끔 어린 영숙이 신문을 읽다가 일본어를 가리키면서 묻는 일이 있었다.

"아버지, 이건 무슨 글자예요?"

"그건 왜놈들의 글자이니 배울 필요가 없다."

한용운은 이런 고집으로 일제 말기의 살벌한 시대를 버텨 나갔다. 하루는 《임꺽정》의 작가 홍명희가 심우장으로 찾아와 울분을 터뜨렸다.

"만해 스님! 이런 변이 다 있습니까? 글쎄 이걸 보세요. 최린, 윤치호, 이광수, 주요한……. 이 개 같은 자들이 창씨개명을 했으니 우리 민족이 대체 어떻게 되겠습니까?"

이 말을 들은 한용운이 조용히 대꾸했다.

"그건 홍 선생이 잘못 말한 것이오. 만일 이 자리에 개가 있어 선생의 말을 들었다면 크게 화를 냈을 것이오. 개는 충성심이 강한 동물인데 어찌 주인을 모르고 등을 돌리는 그런 자들과 비교를 하겠소? 그러니 개만도 못한 자식들이라고 해야 옳지요."

홍명희는 최남선, 이광수와 함께 '조선 말기의 3대 문학 천재'로 불렸던 인물이다. 명문 가문 출신인 홍명희의 아버지(홍범식)는 금산 군수로 있는 동안 한일 병합 조약이 체결되었다는 소식을 듣고는 나라 잃은 울분을 참지 못해 스스로 목숨을 끊었다. 또 그런 소식에 영향을 받아 관리와 선비들, 상민들에 이르기까지 자결한 이들이 수십 명에 이를 정도였다. 그 일로 당당했던 홍명희의 집안은 차츰 기울었다.

홍범식은 세상을 떠나기 전 아들들에게 다음과 같은 유언을 남겼다.

"기울어진 나라의 운명을 바로잡기에는 내 힘이 닿지 않고, 나라 잃은 사람의 부끄러움과 설움을 감추려니 울분을 금할 수 없어 스스로 순국의 길을 택하지 않을 수 없구나. 너희들은 어떻게든 조선 사람으로서의 의무와 도리를 다하여 잃어버린 나라를 기어이 찾아야 한다. 죽더라도 친일을 하지 말고,

훗날에라도 나를 욕되게 하지 말아라."

홍명희는 이와 같은 아버지의 간절한 가르침을 단 한 순간도 잊지 않았다. 최남선, 이광수와는 달리 홍명희가 문화 활동을 통해서나 행동으로 지조를 굽히지 않고 독립운동을 펼쳤으며 나중에 한용운을 찾아가 울분을 터뜨린 데는 이런 까닭이 있었다.

어려서 한학을 공부했던 홍명희는 일본으로 유학을 갔다가 최남선, 이광수 등을 만나 친하게 지냈나. 그러다 아버지가 한일 병합에 항거해 돌아가셨다는 소식을 듣고 고국으로 돌아왔으며 1912년에는 상하이로 건너가 6년 동안 박은식, 신채호 등과 독립운동을 펼쳤다.

1919년 3·1 운동 때 홍명희는 체포되어 징역 2년 6개월을 선고받기도 했지만 이듬해에 석방되어 언론 운동을 펼쳤다. 그 뒤 신간회를 조직해 부회장으로 활약하다 다시 체포되어 옥고를 치렀다.

이처럼 항일 운동에 앞장섰던 홍명희는 1928년부터 약 10년이 넘도록 〈조선일보〉에 장편 소설 《임꺽정》을 연재하면서 유명해졌다. 《임꺽정》은 조선 명종 때의 의적, 임꺽정이란 인물의 삶을 실감나게 그린 명작이었다. 더구나 우리말의 아름다움을 잘 표현한 작품으로 평가받고 있다.

일제가 우리의 말과 글을 쓰지 못하게 탄압하던 시절, 잊혀 가던 평민들의 언어를 되살려 냈다는 점만으로도 《임꺽정》은 높이 평가받는다. 그래서 평론가들은 이 작품을 두고 '우리말의 보물 창고'라거나 '우리말의 큰 바다'로 일컫고 있다. 게다가 이 작품은 10권 분량이나 되지만 처음부터 끝까지 손에 땀을 쥐게 할 만큼 재미가 있다.

1944년, 한용운이 심우장에 머문 지도 11년이 되었다. 한용운은 오래전부터 앓아 왔던 신경통이 도져 자리에 누워서 지낼 때가 많아졌다. 여러 사람들이 약을 지어 오거나 침을 놓아 주었으나 별다른 효과가 없었다. 한용운이 혼자 지내던 시절, 제대로 먹지 못해서 생긴 영양실조의 후유증이 매우 심했기 때문이다.

하루하루 생명을 이어가던 한용운은 그해 초여름, 예순여섯의 나이로 조용히 세상을 떠났다. 1944년 6월 29일의 일이다. 한용운은 꿈에 그리던 조국의 광복을 1년 남겨 두고 아무런 말도 없이 훌쩍 열반했다.

한용운은 1926년에 《님의 침묵》이라는 시집을 펴냈다. 그 시집에는 대표작인 〈님의 침묵〉을 비롯해 〈알 수 없어요〉, 〈비밀〉, 〈첫 키스〉 등 여러 편의 시가 담겨 있다. 이러한 시들은 그의 이름을 불꽃처럼 빛나게 했으며 오늘날까지 명작으로 사랑받고 있다. 그중에서도 〈님의 침묵〉은 첫손에 꼽힌다.

님은 갔습니다.
아아, 사랑하는 나의 님은 갔습니다.
……
아아 님은 갔지마는 나는 님을 보내지 아니하였습니다.
제 곡조를 못 이기는 사랑의 노래는 침묵을 휩싸고 돕니다.

- 한용운의 시 〈님의 침묵〉 중에서

이 시에서처럼 만해는 침묵을 남긴 채 떠나갔다. 하지만 한용운이 남긴 뜨거운 정열과 애국심은 지금까지 생생하게 전해지고 있다.

여기에서 '님'이 누구인지는 아직도 분명하지 않다. 부처님이나 조국 또는 연인이라는 이야기도 있고 그 모두를 함께 일컫는다는 의견도 있다. 그중 '님

열반 |불교에서 스님들의 죽음을 일컫는 말이다.

은 갔지마는 나는 님을 보내지 아니하였습니다'란 구절은 나라가 일제의 손에 넘어갔지만 시인은 결코 조국을 보내지 않았다는 뜻으로 풀이되기도 한다.

이렇게 말할 수 있게 된 것은 한용운이 스님이며 시인이자 조국의 독립을 위해 뜻을 굽히지 않았던 독립지사였기 때문이다. 한용운은 한국 불교를 개혁했던 스님으로, 보석처럼 빛나는 시를 쓴 저항 시인으로, 세상을 떠나는 날까지 일제에 맞섰던 독립지사로 우리의 가슴속에 남아 있다.

한용운이 열반했다는 소식이 알려지자 친일파로 변절한 사람들을 빼고 수많은 이들이 심우장으로 달려갔다. 그들이 조금씩 보탠 조의금은 장례비용과 심우장을 지을 때 얻은 빚을 모두 갚고도 150원쯤 남을 정도였다.

정부는 1962년, 만해 한용운에게 건국훈장 대한민국장을 추서했다.

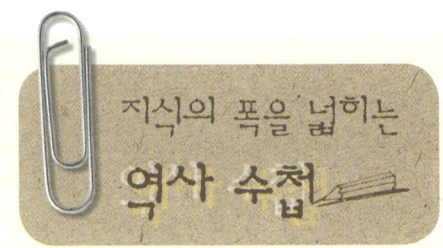

민족의 수난을 상징하는 서대문 형무소

1907년에 세워진 서대문 형무소는 감방과 감방에 딸린 부속 건물로 이루어졌다. 처음 이 형무소가 세워졌을 때의 수용 인원은 500명 정도였다. 전국에 있던 다른 감옥 8개의 수용 인원을 다 합쳐야 300명 정도였으니 서대문 형무소가 얼마나 큰 곳인지 짐작할 수 있다.

처음 서대문 형무소는 '경성 감옥'으로 불렸으나 감옥에 갇히는 애국자들이 걷잡을 수 없이 늘자 마포 공덕동에 또 다른 감옥을 지으면서 '서대문 감옥'으로 이름이 바뀌었다. 그 뒤 1923년 5월에 서대문 형무소로 이름이 바뀌었고 지금은 민족의 수난을 상징하는 유적지로 남아 있다.

그 이름만 들어도 온몸이 오싹해지는 감옥에서의 생활은 어땠을까? 사방을 높이 에워싼 돌담과 굳게 닫힌 창살, 난방이나 환풍 시설도 제대로 갖춰지지 않은 감방에서 생활해야 하는 죄수들은 상상할 수도 없는 고통을 받았을 것이다. 1935년, 조선 총독부가 펴낸 자료에 따르면 죄수 중 58퍼센트가 소화 불량, 신경통, 불면증, 치질, 피부병 등에 시달렸다고 한다. 지금까지 전해지고 있는 서대문 형무소의 수형 카드에는 김구, 한용운, 이승훈, 여운형 등 5000여 명의 독립지사들의 이름이 남아 있다.

▲ 서대문 형무소

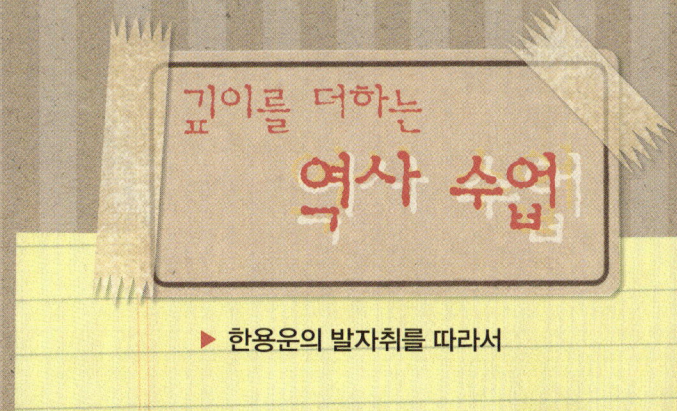

깊이를 더하는
역사 수업

▶ 한용운의 발자취를 따라서

한용운의 발자취를 따라서

한용운의 숨결이 남아 있는 곳은 크게 네 군데로 나눌 수 있다. 태어나서 출가하기 전까지 지냈던 충남 홍성의 생가, 수행을 하는 틈틈이 수많은 시와 글을 썼던 백담사와 봉정암이 있는 강원도 인제, 서울 종로구 계동, 그리고 세상을 떠나기 전까지 11년 동안 머물렀던 성북동 심우장이 그곳이다.

○ 홍성 생가

한용운이 태어난 곳은 충청남도 홍성군 결성면 성곡리이다. 한용운이 태어났을 때의 결성면은 본래 결성군이었으나 1914년에 홍성군과 합쳐졌다고 한다.
한용운의 생가는 마을 뒷산을 등지고 자리 잡았는데 세월이 지나면서 쓰러져 없어진 것을 1992년에 본래의 모습대로 다시 복원했다.

▲ 한용운의 홍성 생가

한용운이 가난한 선비의 집안에서 태어난 것을 일깨워 주기라도 하듯 흙벽돌의 초가로 지어졌으며 광과 헛간, 싸리나무로 만든 울타리 등이 눈길을 끈다. 1989년 12월에 충청남도 기념물 제75호로 지정되었으며, 지금은 생가 주위로 사당, 관리사, 화장실 등이 세워졌다.

홍성문화원에서는 해마다 6월에 '만해제'라는 행사를 열어 한용운의 나라 사랑 정신과 문학세계를 기리고 있다. 또 생가 근처에 지하 1층, 지상 2층의 '만해체험관'을 세웠다. 이 체험관은 한용운의 유품전시실, 불교사상관, 독립사상관, 문학사상관 등으로 나뉘어 있다.

○ 백담사

금강산과 더불어 우리나라에서 가장 아름다운 산으로 손꼽히는 설악산은 크게 내설악과 외설악으로 나뉜다. 강원도 속초를 중심으로 동해안에 접하고 있는 곳을 외설악이라 하고 인제 방면의 내륙에서 오를 수 있는 곳을 내설악이라 부른다.

백담사는 내설악에 있는 가장 대표적인 절이다. 백담사는 647년(신라 진덕여왕 1년), 자장율사가 창건한 것으로 전해지고 있다. 이 절의 발자취를 기록한 《백담사 사적기》에는 이 절에 얽힌 재미있는 설화가 담겨 있다.

원래의 백담사는 지금의 위치에서 많이 떨어진, 한계령 근처에 지어졌으며 이름도 한계사로 불렸다고 한다. 그 뒤 한계사는 불이 날 때마다 자리를 옮겨 새로 지어졌고 이름도 여러 차례 바뀌었다. 그러다가 1455년에 여섯 번째로 불이 나 지금의 자리에 새로 절을 짓고 그 이름을 백담사로 지었

▲ 백담사 만해 시비

다. 하지만 1772년에 다시 불에 타 없어지자 여러 전각을 새로 짓고 심원사로 이름을 바꾸었다가 1783년(정조 7년)에 다시 백담사로 바꾸었다.

백담사가 널리 알려진 것은 만해 스님이 그 절에서 수행했으며 《조선불교유신론》, 《십현담주해》, 《님의 침묵》 등을 썼기 때문이다. 지금도 백담사에는 '만해기념관'이 세워져 한용운의 삶과 사상을 만날 수 있다. 이 기념관 안에는 한용운이 쓴 책들을 비롯해 그가 젊은 시절에 읽고 충격을 받았던 《영환지략》과 《음빙실문집》도 전시되어 있다. 그 밖에 한용운의 시와 논설 등의 원고는 물론 1962년에 추서된 훈장도 보관되어 있다.

백담사는 오랜 역사를 가졌으면서도 여러 차례의 화재로 옛 문화재가 별로 남지 않았다. 백담사에 딸린 암자로는 봉정암과 오세암, 원명암 등이 있다.

○ 종로구 계동

조계사, 선학원 등과 가까운 서울 종로구 계동에는 한용운이 3·1 운동 전에 한동안 머물던 '한용운 가옥'이 자리 잡고 있다.

한용운은 1918년 4월경부터 1919년 2월경까지 이 집에 머물면서 3·1 운동을 이끌어 나갔다. 한용운 가옥은 1900년도 무렵에 지어져 건물의 역사적 가치는 그다지 높지 않지만 한용운 스님이 머물며 3·1 운동을 준비한 것만으로도 의미가 큰 곳이다.

○ 성북동 심우장

한용운은 집을 나온 뒤 평생 동안 여러 곳을 떠돌았다. 그중에서도 한용운이 세상을 떠나기 전까지 가장 오랫동안 머물렀던 곳은 성북동 심우장이 꼽힌다.

한용운은 홍성 생가에서 약 15년 동안 살았고 심우장에서 약 11년 동안 살았다고 한다. 나머지 기간은 여러 곳을 잠깐씩 거쳤을 뿐이다. 한용운은 3·1 운동으로 3년 동안 서대문 형무소에 갇혔다가 석방된 뒤 계동 주변과 성북동 골짜기 등에서 셋방을 얻어 지냈다.

그 뒤 김벽산 스님을 비롯한 주변 사람들의 도움으로 성북동에 심우장을 마련했다. 지금도 한용운이 쓰던 서재에는 그가 남긴 글씨와 여러 연구 논문집, 옥중공판기록 등이 보존되어 있다. 또 앞마당에는 소나무와 은행나무, 한용운이 손수 심었다는 향나무 등이 자라고 있다. 심우장은 1985년 7월에 서울시 기념물 제7호로 지정되었다.

▲ **심우장 내부** | 한용운 초상, 태화관에서 독립 선언서를 발표하던 모습, 대표 시 〈님의 침묵〉 등이 전시되어 있다.